Este libro pertenece a:

____

____

____

____

Si lo encuentras, POR FAVOR ten la amabilidad de devolverlo.

La recompensa es:

____

EL DIARIO De los 6 Minutos

Un planificador diario para una vida mejor

terapias**verdes**

Argentina – Chile – Colombia – España
Estados Unidos – México – Perú – Uruguay

Título original: *The 6-Minute Diary – A book that will change your life*
Editor original: UrBestSelf
Originally published under the title: DAS 6-MINUTEN-TAGEBUCH
Traducción: Alicia Sánchez Millet

1.ª edición Marzo 2019

Plaza de los Reyes Magos, 8, piso 1.° C y D – 28007 Madrid
www.edicionesurano.com
www.terapiasverdes.com

ISBN: 978-84-16972-59-3
E-ISBN: 978-84-17545-14-7
Depósito legal: B-1.969-2019

Fotocomposición: Ediciones Urano, S.A.U.

Impreso por: Rodesa, S.A. – Polígono Industrial San Miguel
Parcelas E7-E8 – 31132 Villatuerta (Navarra)

Impreso en España – *Printed in Spain*

“

Nunca cambiarás tu vida hasta que cambies algo que haces todos los días: el secreto de tu éxito se encuentra en tu rutina diaria.

JOHN C. MAXWELL

Índice

Tu
Mina de Diamantes

. . . una historia breve con un gran mensaje.

Un día, un granjero persa llamado Alí Hafed oyó hablar de diamantes por primera vez en su vida. Un sabio sacerdote le dijo que otros granjeros se habían hecho ricos al descubrir minas de diamantes: «Un solo diamante, no más grande que la punta de tu pulgar, vale más que cien granjas», le dijo al granjero. Así que decidió vender su granja para dedicarse a la búsqueda de diamantes. Alí Hafed se pasó el resto de su vida buscando minas de diamantes en vano. Al final, físicamente agotado y con el espíritu destrozado, abandonó su inútil búsqueda y, en un acto de desesperación, puso fin a su vida sumergiéndose en el mar.

Pero volvamos a la granja que vendió Alí Hafed: el nuevo propietario llevó a su camello a un arroyo poco profundo que pasaba por su propiedad. De pronto, le llamó la atención algo que brillaba en el fondo del mismo. El nuevo propietario se adentró en el agua y descubrió una reluciente piedra negra, se la llevó a casa y la colocó en la repisa de su chimenea.

A los pocos días, el sabio sacerdote fue a visitar al sucesor de Alí Hafed, pues quería conocerle. Cuando vio la piedra en la repisa de la chimenea, se quedó sin palabras. El granjero le contó dónde había encontrado la piedra unos días antes, y le dijo que había otras parecidas por todo el arroyo. El sabio, que era un buen conocedor de los diamantes, le dijo: «Esto no es una piedra. Es un diamante en bruto, en realidad, ¡uno de los más grandes que he visto jamás!» El arroyo que había pertenecido a Alí Hafed, se convirtió en una de las minas de diamantes más productivas de todos los tiempos, conocida como la mina de Golconda.

Versión libre basada en *Acres de diamantes* de Russell H. Cornwell

Luego, ¿cuál es el mensaje de esta breve historia sobre la infructuosa búsqueda de Alí Hafed? En realidad, está bastante claro: si Alí Hafed hubiera valorado lo que ya poseía en aquellos momentos de su vida, habría reconocido los tesoros que había en su finca.

A nosotros nos sucede lo mismo: nuestra mayor riqueza está en nuestro interior. Hemos de cavar y rebuscar en nuestros propios acres de tierra para descubrir los diamantes que se ocultan en nuestro interior. Si buscas tu propia mina de diamantes, la encontrarás. Presta mucha atención a las oportunidades que se te presentan a diario en tu vida y a las cosas que esta te está ofreciendo.

¡Lo que buscas ya está dentro de ti!

“

Tu actitud respecto a quién eres y lo que tienes es algo muy pequeño, pero que marca una gran diferencia.

THEODORE ROOSEVELT

6 Razones

. . . para amar tus 6 minutos.

1. Lo que tienes ahora en tus manos es una sencilla y eficaz herramienta que te ayudará a convertirte en UrBestSelf (Tu mejor versión).

El Diario de los 6 Minutos *no es un diario cualquiera. Su objetivo es conseguir que, con el tiempo, seas una persona más feliz y te sientas más realizada, gracias a sus sencillos métodos.*

A simple vista, puede parecer una promesa arriesgada. No obstante, antes de que escribas tu primera anotación en este diario, recibirás una explicación detallada sobre cómo puedes alcanzar esa meta invirtiendo tan solo 6 Minutos al día. Para beneficiarte plenamente de este medio que tienes en tus manos, antes de empezar, deberás leer con atención las instrucciones. Cuando hayas adquirido el hábito de utilizar *El Diario de los 6 Minutos* cada día, podrás hacer maravillas. Cada día de uso es como un ladrillo más en tu primera pared de felicidad. A una pared, pronto se le unen otras, y, sin darte cuenta, habrás construido una hermosa y sólida casa de felicidad. Hay muchos libros que te prometen una vida feliz y plena, pero a menudo suelen ser el tipo de libros que decepcionan porque no pueden cumplir sus promesas. Suelen decirte que existe una regla de oro, un camino perfecto hacia la felicidad. Evidentemente, no existe «una» sola fórmula, puesto que todos somos muy diferentes y no hay una solución que sirva para todos. *El Diario de los 6 Minutos*, por el contrario, te ofrece los cimientos y los materiales de construcción para que puedas construirte tú mismo tu casa de felicidad. Cada día tienes la oportunidad de elegir cómo quieres construir esa casa. En cada página que escribas en tu diario, estarás aplicando tu marca distintiva sobre las cosas, tu impronta personal.

Durante 2,8 millones de años, los seres humanos han nacido con una programación preinstalada: la programación de la supervivencia.[1] Esta antigua programación no solo era la responsable de la supervivencia o la muerte, sino que era esencial para las mismas. Hoy en día, sin embargo, no es tan útil, pues incita al cerebro a buscar lo que no funciona o puede suponer alguna amenaza para nuestra supervivencia.

Siempre busca situaciones que podrían perjudicarte para que elijas luchar o huir de ellas. La consecuencia es que nuestro cerebro ha evolucionado para aprender rápidamente de las malas experiencias, pero aprende despacio de las buenas.[2] Por ejemplo, hay estudios que demuestran que nos es más fácil identificar caras de enfado que de felicidad. Aunque veamos esas caras de enfado tan brevemente (una fracción de segundo) que seamos incapaces de reconocerlas, se activan[3] las partes de nuestro cerebro responsables de las emociones y de la creación de nuevos recuerdos. Por el contrario, esos mismos estudios revelan que las fotos de caras de felicidad, mostradas también durante una fracción de segundo, pasan directamente por nuestro cerebro sin que este las reconozca. Los psicólogos han comprobado repetidas veces que nuestro cerebro activa automáticamente sentimientos negativos, porque reacciona más rápido, con mayor persistencia e intensidad a las cosas malas que a sus equivalentes positivas.[4] En esta misma línea, el dolor por la pérdida suele ser de tres a cuatro veces más intenso que la alegría de poseer ese mismo objeto.[5] Esta es la razón por la que cuando nos rompen el corazón, esa experiencia nos provoca más sufrimiento, que felicidad la experiencia de vivir una relación armoniosa. Lo mismo sucede en las transacciones financieras: la dicha de ganar cierta cantidad de dinero es menor que el sufrimiento que experimentamos al perder esa misma cantidad.[6] Del mismo modo, en las relaciones conyugales hacen falta al menos cinco buenas acciones para compensar el perjuicio ocasionado por una mala acción.[7] Nuestra mente concede espontáneamente una importancia excesiva a lo negativo, y tres décadas de psicología positiva (p. 26) no van a cambiar algo que ha sido programado en nuestro cerebro por la evolución durante los tres últimos millones de años.

¿Felicidad y satisfacción? Esas no son las principales preocupaciones de nuestro cerebro. Repito, nuestro cerebro está programado para fijarse en lo malo e ignorar lo bueno. Por este motivo, a la mayoría de las personas les resulta mucho más fácil conectar con otras personas mediante el cotilleo o las quejas, y también es la razón por la que las malas noticias se divulgan mucho más rápido que las buenas. Por eso no puedes dar la espalda cuando ves un accidente de coche o una pelea. Y también es la causa por la que te fijas más en la pequeña o pequeñas críticas que recibes a algo que has hecho, a pesar de haber obtenido una respuesta casi unánimemente positiva al respecto. Desde un punto de vista evolutivo, nos resulta más fácil fijarnos en lo negativo. Los estados emocionales placenteros, como la satisfacción, solían ser potencialmente peligrosos en la dura lucha por la supervivencia. Por consiguiente, nuestra mente siempre está identificando y exagerando posibles amenazas, las cuales, a su vez, llenan nuestra vida de estrés, irritabilidad y ansiedad. Este desafortunado mecanismo ha permitido a nuestra especie ser especialmente apta para la supervivencia, pero no para la felicidad. Los humanos que eran infelices e inseguros en cierta medida eran los mejores en innovar y sobrevivir. La supervivencia es para los más aptos, no para los más felices, y esto podemos agradecérselo a nuestros antepasados cavernícolas.

“

Nuestro cerebro tiene una tendencia hacia la negatividad, que es como el velcro para lo malo y el teflón para lo bueno.

RICK HANSON

Por suerte, puedes cambiar esto activamente y *El Diario de los 6 Minutos* nos aporta muchas formas distintas de hacerlo. De lo que se trata es de ser más listo que tu cerebro, contrarrestar su antigua negatividad y aprender a distinguir las mentiras que nos cuenta. Afortunadamente, la ciencia ha demostrado que podemos reprogramar nuestro cerebro mediante la repetición proactiva, y lo más importante, diaria. Para contrarrestar tus emociones negativas, puedes instalar un programa nuevo cultivando hábitos positivos. Este proceso de instalación se denomina neuroplasticidad (p. 34), y para completarlo y asimilar[8] un hábito hacen falta unos 66 días de práctica diaria. La clave del éxito es la continuidad. La felicidad no es una cuestión de suerte o de coincidencia, sino algo que podemos aprender paulatinamente.

El factor más importante para ser feliz es darse cuenta de que la felicidad es una elección y una habilidad que podemos desarrollar. Primero eliges ser feliz, luego trabajas para conseguirlo.

NAVAL RAVIKANT

¿Estás agradecido por lo que tienes? Si es así, ¿manifiestas con frecuencia esta gratitud de la manera que merece ser expresada? ¿Cuándo fue la última vez que sentiste una gratitud sincera hacia tu pareja o mejor amigo o amiga? ¿Cuándo fue la última vez que le dijiste lo agradecido que estabas por todas las cosas maravillosas que ha hecho por ti, en lugar de sentirte molesto por todas las pequeñeces que no te gustan?

Si no estás agradecido por lo que tienes hoy, tampoco lo estarás por lo que puedas tener mañana o dentro de una semana. Y no me estoy refiriendo al paquete de Amazon, al cumplido adulador o a la fiesta de aniversario. Estamos hablando de cosas que forman parte de nuestra vida cotidiana. Se ha demostrado que concentrarnos todos los días en sentir aprecio, que en realidad significa concentrarnos en lo que YA TENEMOS, hará que, a la larga, seamos más felices y nos sintamos más satisfechos. *El Diario de los 6 Minutos* está diseñado para que tan solo tengas que invertir unos minutos al día para desarrollar patrones de conducta positiva y una actitud optimista. Te ayuda a centrarte más en las oportunidades que te brinda la vida que en los obstáculos. Si quieres estar bien, has de pensar como corresponde. Esta es la razón por la que uno de los principios de *El Diario de los 6 Minutos* es no fijarnos en lo que no tenemos o en lo que no funciona, sino en ser conscientes de lo que ya tenemos y de lo que sí funciona. De esta manera, sacamos a relucir los aspectos positivos y practicamos crear aspectos constructivos. El diario nos ayuda a conseguir el equilibrio perfecto entre saber apreciar y seguir evolucionando, así como entre la gratitud y el éxito. Nos ayuda a aprender a valorar plenamente el Aquí y el Ahora. Experimentarás que la gratitud puede hacerte más feliz y que te proporciona un contexto, en el cual podrás practicar a diario. La gratitud es el conjuro mágico que abre la puerta a todas las oportunidades que se nos presentan a diario. Parafraseando a Mark Twain: «Da a todos los días la oportunidad de que se convierta en el día más hermoso de tu vida».

2. Ni argot motivacional, ni las típicas chorradas o memeces esotéricas. Este concepto se basa en descubrimientos científicos

No prometo nada que no se base en los resultados de las últimas investigaciones de la neurociencia, la sabiduría antigua, experiencias reales y prácticas probadas. Este diario se basa en las investigaciones de prestigiosos psicólogos y científicos de renombre. Así que te puedes ahorrar el esfuerzo de revisar cientos de publicaciones científicas para separar las investigaciones que no te son útiles de las que sí lo son. Como verás en las notas de las páginas finales, este trabajo ya está hecho.

No obstante, todos sabemos que el conocimiento teórico y la práctica son dos cosas muy distintas. Podríamos dar por hecho que cualquier médico sabe mucho sobre nutrición y salud. Pero, ¿implica eso que todos los médicos practican lo que predican? Lo más probable es que no. Lo mismo pasa con los efectos positivos de la gratitud, de la actitud optimista, la autorreflexión y los buenos hábitos en general. Una cosa es limitarnos a leer y a hablar sobre estos temas, y otra bien distinta, integrarlas en nuestra vida.

Lo mejor de todo es que para poner en práctica la teoría, ¡no te has de gastar más dinero que el que ya te has gastado en este diario! **Ya tienes una herramienta concisa y eficaz en tus manos que te permitirá aprovechar el marco teórico de la psicología positiva, con eficacia y efectos duraderos, en tan solo 6 minutos al día**.

3. Tu práctica diaria de escribir te resultará más fácil que con cualquier otro diario

¿Te has fijado alguna vez en las personas que se están esforzando mucho para intentar cambiar algo en su vida? Por ejemplo, adelgazar cinco kilos, hacer una dieta más sana, dormir más, darse más marcha al estudiar para un examen, ser más afectivas en las relaciones... por muy buenos que fueran sus planes, pronto recayeron y volvieron a sus antiguos patrones. Las estadísticas parecen indicar que tú también debes haber experimentado situaciones similares. El 92% de las personas que quieren dejar de fumar fracasa. El 95% de las personas que quieren adelgazar acaba experimentando el efecto yo-yo, y un impresionante 88% de las personas que empiezan el año con algunos propósitos en mente no cumplen ninguno de ellos.[9] ¿Por qué no te va a pasar lo mismo con un diario? Al principio, no paras de escribir con mucha motivación, pero el entusiasmo inicial pasa pronto y el proyecto diario queda literalmente archivado. Las razones para abandonar son múltiples: no tienes la estructura correcta, te parece que has de invertir demasiado tiempo o no has acabado de entender la razón de escribir un diario. *El Diario de los 6 Minutos* elimina estas trabas típicas. Está diseñado para garantizar que hasta a quienes no les gustan los diarios sigan escribiendo.

“

Nada es especialmente difícil si lo divides en pequeñas tareas.

HENRY FORD

La estructura de este diario puede parecer bastante sencilla a simple vista, pero en realidad está muy estudiada y convencerá hasta a los lectores más críticos una vez hayan leído la detallada introducción. La tan mencionada excusa de la falta de tiempo aquí no sirve. Dividir nuestro tiempo diario en tres minutos por la mañana y tres antes de acostarnos es una tarea asumible hasta para los más creativos inventores de excusas.

Establecer unos horarios fijos para escribir en el diario ayuda a crear una rutina. Idealmente, coger el diario debería ser tu primer impulso al levantarte y el último antes de acostarte. Una meta sin una fecha límite no es más que un sueño. En este caso, la meta es maximizar tu felicidad personal. Cada mañana y cada noche a partir de ahora, tienes una breve cita que te garantizará que te estás acercando a tu meta, poco a poco, a un ritmo lento pero seguro.

«Escribo perfectamente en el ordenador, ¿por qué he de hacerlo con papel y bolígrafo?» Pues porque el noble y anticuado bolígrafo es más poderoso que el teclado. Los apuntes han pasado del papel a la pantalla del ordenador, anotas las tareas en las aplicaciones para el móvil de «lista de tareas», y no has tocado la pluma desde la escuela primaria. Sin embargo, los psicólogos no se cansan de demostrarnos que escribir nos transforma de manera primordial. Entendemos mejor las cosas si las escribimos y las retenemos más tiempo en nuestra memoria que si las mecanografiamos.[10] Hay algunas pruebas que indican que se puede acelerar el proceso de curación de lesiones físicas si se escribe un diario.[11] *El Diario de los 6 Minutos* no es una aplicación, sino un libro dedicado exclusivamente a un fin. Es una herramienta física que nos permite utilizar a nuestro favor todos los beneficios olvidados del bolígrafo y el papel.

4. Crea tu propio cofre del tesoro con tus recuerdos

Un diario es como un buen vino. Si lo dejas reposar durante un tiempo, madura y puedes disfrutar de su gran sabor. Imagina que has llenado todas las páginas de *El Diario de los 6 Minutos* y que lo has dejado un tiempo de lado. Si lo sacas del estante después de meses o incluso años, podrás realizar un enriquecedor viaje hacia los lugares más fascinantes y emotivos de tu memoria. Observarás que has aprendido a ver ciertas cosas de una forma totalmente distinta de como lo hacías antes. Cuando miras atrás, entiendes por qué y, de este modo, puedes seguir los pasos de tu evolución personal. Entonces, lo que tendrás entre tus manos será un testimonio único de tus experiencias, deseos, pensamientos y perspectivas anteriores. Como dijo el poeta romano Marcial, hace casi 2.000 años: «El que revive su pasado con gusto vive dos vidas». Imagina que tu abuelo o tu madre hubieran escrito un libro parecido. ¿Qué darían por tener un recuerdo tan exclusivo? ¿Qué puede ser más apasionante que un libro sobre ti y sobre tu vida? Si quieres tener un cofre del tesoro cargado con tus recuerdos, no te quepa duda de que ahora estás en el camino correcto.

5. Es divertido y te ayuda a descubrir qué es exactamente lo que te hace feliz

El principal objetivo de este diario es que sientas lo que escribes (véase p. 62, consejo 2). Dedica un par de minutos a pensar en algo por lo que estás agradecido, quizás una experiencia entrañable en tu vida o un momento concreto que recuerdes con especial afecto. Cierra los ojos en cuanto se te haya ocurrido algo. Hazlo ahora, no en cualquier otro momento... ¿Cómo te sientes en este momento? Tómate unos segundos para sentir conscientemente la emoción. La gratitud es la contrapartida de todas las emociones negativas. Tiene el poder de realzar tus experiencias positivas e intensificar las cosas buenas de tu vida. Puesto que involucrarnos mentalmente con lo positivo es agradable por naturaleza, escribir en este diario te hará bien espontáneamente, a la vez que incluirá cierto factor de diversión. Asimismo, el reto de la semana, y especialmente las cinco preguntas de la semana, suponen un aliciente, y aportan variedad y entretenimiento. Sin embargo, *El Diario de los 6 Minutos* es mucho más que un libro para hacer que te sientas bien. No lo ha escrito ningún gurú de la autoayuda con una sonrisa sumamente encantadora. Tampoco te recomienda que para materializar tus sueños te digas a ti mismo «Soy un campeón» cuando te miras en el espejo del cuarto de baño. Ya hay un montón de voces dispuestas a decirte que eliminar la palabra «imposible» de tu vocabulario te ayudará a conseguir que tu vida sea una sucesión de momentos felices. Algunas de las preguntas diarias y semanales de este diario profundizan bastante y pueden llevarte al fondo del asunto. Lo que más cuenta no son tus respuestas, sino los maravillosos momentos en los que ahondas en busca de las mismas. Cuanto más te impliques en las preguntas, más te beneficiarás de este libro.

¿Qué te hace feliz? Poder responder a esta pregunta bien puede ser hoy más importante que nunca, si tenemos en cuenta la cantidad de posibles rumbos que puede tomar nuestra vida. *El Diario de los 6 Minutos* es una herramienta imprescindible para ayudarte a descubrir qué te hace realmente feliz, porque todos los días plantea las preguntas correctas. Todos sabemos que plantear una buena pregunta supone haber conseguido la mitad de la victoria.

6. Aprendes a desvincular tu felicidad interior de las circunstancias externas

Confucio dijo: «Tenemos dos vidas, y la segunda comienza cuando nos damos cuenta de que solo tenemos una». Cuando al célebre fundador e inversor estadounidense Naval Ravikant le preguntaron si había experimentado algún momento decisivo en su vida, respondió lo siguiente: «En mi vida me he esforzado mucho por conseguir ciertos éxitos materiales y sociales, hasta que un día me di cuenta de que una vez los conseguía, o al menos en la medida en la que ya no les concedía tanta importancia, mis compañeros y muchas de las personas que estaban a mi alrededor, que habían logrado éxitos similares y que estaban en camino de sumar todavía más triunfos, no parecían ser especialmente felices. Y en mi caso, nunca hubo un aumento permanente de la felicidad tras haber alcanzado nuevas metas, enseguida me acostumbraba a cualquier cosa. Lo cual me condujo a la típica conclusión de que la felicidad es algo interno. Eso fue lo que me llevó a empezar a trabajar más en mi yo interior, a darme cuenta de que el éxito genuino es interno y que tiene muy poca relación con las circunstancias externas».[12]

La experiencia de Naval Ravikant no es en modo alguno una excepción. La mayoría pensamos que seremos más felices SI tenemos más dinero, SI vivimos en un lugar más guay, SI encontramos a nuestra pareja ideal o SI conseguimos el trabajo de nuestros sueños. No obstante, no es necesario en absoluto esperar a que llegue el próximo gran acontecimiento para estar más agradecidos y, a la larga, ser más felices. Porque cada vez que alcances una de esas metas, te darás cuenta de que, en realidad, nada ha cambiado. Seguirás siendo la misma persona. Es muy difícil que las circunstancias externas te hagan feliz A LARGO PLAZO. Existen muchos estudios reconocidos que prueban esto[13] y lo más probable es que tu propia experiencia de la vida también confirme esta afirmación. Esta forma de pensar, la de que en la vida, básicamente, todo depende del siguiente SI, es lo que los psicólogos llaman felicidad condicionada, y muchas personas están condicionadas a pensar de esta manera. El SI es el enemigo de la satisfacción. Es como el horizonte, puedes andar eternamente y nunca alcanzarás el SI, porque siempre habrá alguna cosa más que tendrás que hacer para ser extraordinariamente feliz. Sinceramente, ¿cuántas veces has pensado que si alcanzaras tal o cual objetivo serías más feliz? ¿Y cuántas veces has sentido realmente eso, una vez transcurrido cierto tiempo de felicidad?

Presta atención en el día de hoy a cuántas veces buscas más cosas y, por consiguiente, estás descuidando el momento presente. ¿Cuántas veces has deseado que el futuro se produjera exactamente como tú esperabas, en lugar de disfrutar del presente? Apuesta por la felicidad aquí y ahora. **Empieza, hoy mismo, a celebrar los pequeños momentos de felicidad que tienes todos los días. Tómate tu tiempo para apreciar y valorar los pequeños éxitos de tu día a día. ¿Cuándo fue la última vez que celebraste uno de estos éxitos? Si no puedes hacerlo, no es demasiado probable que celebres los grandes.**

El camino hacia una vida más feliz no es una receta secreta reservada solo para los monjes budistas. En solo 6 minutos al día, puedes desarrollar una actitud positiva que te ayudará a desvincular tu felicidad de los «SÍES» de la vida.

> “
>
> ***El ayer es pasado, el mañana es futuro, pero el hoy es un regalo. Por eso se llama presente.***
>
> BILL KEANE

¡Gracias!

Después de dos maravillosos semestres estudiando en el extranjero, de sentirme realizado por haber viajado a los países más hermosos de Asia, estaba a punto de regresar a mi casa en Alemania. Para culminar ese apasionante año, me decidí a hacer el primer viaje en solitario de mi vida. Recién llegado a Camboya, me dirigí a una tienda de alquiler de motos donde conocí a un chico con el que sentí afinidad. Decidimos ir juntos y llegar hasta un mirador que había en la zona. Mientras contemplaba la extraordinaria vista de una zona rural virgen, iba reduciendo la velocidad al llegar a un cruce, a unos 80 km/h, cuando mi compañero, de pronto, arremetió contra mi pierna desde atrás. Mientras yo volé por los aires y aterricé dando incontables tumbos, él aterrizó con más fortuna, me miró unos segundos y se largó. Y yo me quedé allí, ensangrentado, solo en Camboya en medio de la nada, bajo un deslumbrante sol y a 35 °C de temperatura. Aunque no podía sentir mi cuerpo de cintura para abajo, podía ver que la carne de la cara anterior de mi pierna estaba desgarrada y había dejado el hueso de la tibia al descubierto: visión que me hizo perder el conocimiento en varias ocasiones. Algunos camboyanos se acercaron al escenario del accidente, pero en vez de ayudarme, se limitaban a mirarme fijamente. Uno de ellos incluso empezó a filmarme la pierna con su móvil. Al cabo de lo que a mí me pareció una eternidad, vi a algunos policías y sentí un gran alivio. *¡Por fin van a llevarme al hospital!* No obstante, al darse cuenta de que no podían sacar ningún beneficio, abandonaron tranquilamente el lugar, sin inmutarse por mis llantos de auxilio. Fue entonces cuando realmente empecé a tener pánico, porque, por primera vez, se me ocurrió pensar que puede que me dejaran allí hasta que muriera desangrado. Cuando el grupo de nativos iba disminuyendo, de pronto, sentí que alguien me levantaba la cabeza por detrás, entonces escuché una amable voz que me decía, «¿Cómo te llamas?». Le respondí y me dijo, «Hola Dominik, me llamo Doug y te aseguro que voy a sacarte de aquí, pero ¡tendrás que dejar de mirarte la pierna! Doug tendría unos 65 años y era australiano. Doug, si estás leyendo esto: «¡Gracias por salvarme la vida!»

Lo que vino a continuación fueron 16 semanas en el hospital, 12 operaciones y la incertidumbre de si podrían salvarme la pierna. Después de cada intervención, la situación seguía estancada o empeoraba. Para una persona que apenas había pasado una semana en su vida sin hacer deporte, la mera idea de perder la pierna era demoledora. Aunque esto podía haberme conducido a caer en picado, no dejaba de recibir comentarios como: «¿Cómo puedes estar tan animado?» o «Actúas como si no pasara nada». No soy un buen actor, simplemente, me di cuenta de que mi actitud había empezado a disociarse, cada vez más, de las circunstancias externas, es decir, de los SÍES de la vida. Antes del accidente, estaba obsesionado con forjarme una carrera y ser reconocido. *Si consigo estar entre el 5% de los mejores de mi clase de final de carrera, se me abrirán todas las puertas. Si trabajo para esta prestigiosa empresa, pronto tendré una casa y una familia* (aunque todavía tenía que conocer a la esposa). Aunque ninguno de estos SÍES me hacía más feliz, seguía atrapado en un círculo vicioso… y de no haber sido por el accidente, probablemente, todavía estaría intentando alcanzar esos éxitos externos.

¿Recuerdas la cita de Naval Ravikant de la página 16? A medida que pasaban los días, veía más clara la conclusión a la que él había llegado, de que la felicidad dependía principalmente de nuestro interior. Ese proceso no fue una coincidencia sino el resultado de la gratitud y reflexión sobre mí mismo que practicaba a diario, que me ayudó a entender dos cosas esenciales. Por una parte, comprendí que mis patrones de pensamientos interferían en mi camino, posponiendo indefinidamente mi felicidad con cada meta que me proponía. Por la otra, descubrí que no me había dado permiso para ser yo mismo, porque básicamente estaba persiguiendo las metas de otras personas que, por cierto, poco tenían que ver con mis propios valores. Afortunadamente, la experiencia de estar en el hospital me ayudó a dejar de poner energía en desear que las cosas fueran diferentes y esperar a que se produjera el siguiente SI. En vez de concentrarme en lo malo, lo cual era bastante fácil cuando tu mundo está confinado a una cama y a un lavabo de un hospital, me concentraba en lo bueno, que seguían siendo muchas cosas: todavía me quedaba una pierna y, a pesar de los graves traumatismos, mi cerebro seguía funcionando. Mi familia y mis mejores amigos estuvieron acompañándome durante todo el proceso, e incluso aprendí a apreciar los pequeños tesoros de la vida cotidiana del hospital. Resumiendo, aprendí que el verdadero éxito es interno y no he cambiado de actitud desde entonces. Soy más feliz que antes y también estoy totalmente recuperado.

Desde el accidente, no solo he pasado miles de horas estudiando la psique humana, sino que he tenido la oportunidad de conocer las experiencias personales de más de 100.000 usuarios de *El Diario de los 6 Minutos* en todo el mundo. Todo esto siempre me ha conducido a la misma conclusión de que los pequeños hábitos tienen un tremendo impacto. Desde que interioricé y apliqué esta aparentemente trillada reflexión, he invertido toda mi energía en desarrollar herramientas que ayuden a las personas a responder estas dos preguntas: ¿qué me hace feliz? y ¿qué hábitos pueden aportar más felicidad a mi vida? No importa cuáles sean tus metas, los hábitos positivos que vas creando paulatina y realísticamente, son la mejor forma de conseguirlas. Lo mejor de todo es que para poner esto en práctica y forjar hábitos que enriquezcan tu vida, no es necesario que experimentes un despertar traumático. En mi caso, muchas de las grandes cosas que me han sucedido no hubieran tenido lugar sin ese accidente, que fue potencialmente devastador. Ahora mismo, tienes una de esas grandes cosas en tus manos.

Vayamos a los reconocimientos más clásicos; en primer lugar, gracias a los lectores alemanes, que con sus maravillosos comentarios me han motivado a escribir esta versión en inglés. Gracias a mis fuentes de inspiración, a las que nunca he conocido personalmente, Robert Greene, Tony Robbins, Maria Popova, Jonathan Haidt, Alex Ikonn, Ryan Holiday, Tim Schlenzig y Martin Seligman. GRACIAS en mayúsculas a mi familia y a mis mejores amigos. Siempre hay algo que me recuerda lo importantes que son estas personas y dónde estaría yo de no haber sido por ellas. Y por último, pero no por ello menos importante, ¡gracias, a VOSOTROS! ¡Gracias por uniros a este viaje rumbo a una vida más consciente y plena!

“

No son las circunstancias externas las que cambian una vida, sino los cambios internos que se manifiestan a través de la vida.

WILMA THOMALLA

Breve descripción

. . . la mejor forma de utilizar tus 6 Minutos Diarios.

La Rutina de la Mañana

❶ **Gratitud matinal (p. 44)**
Escribe tres cosas por las que estás agradecido o solo una, pero dando tres razones.

❷ **Cómo hacer que tu día sea magnífico (p. 50)**
Concéntrate en las oportunidades y posibilidades del día. ¿Cuáles son hoy tus metas y tus prioridades? ¿Cuáles son las acciones concretas que te permitirán encaminarte en la dirección correcta?

❸ **Afirmación positiva (p. 53)**
Haz un autorretrato que refleje cómo te ves hoy o en el futuro. Defínete como la persona que quieres ser.

La Rutina de la Noche

❹ **Tu buena acción del día (p. 57)**
Incluso el más mínimo acto de amabilidad puede hacer feliz a alguien. Una buena acción te proporciona a cambio felicidad durante un tiempo.

❺ **Posibilidad de mejorar (p. 58)**
Siempre deseas crecer y evolucionar. ¿Qué has aprendido hoy? ¿Qué oportunidades ves para mejorar?

❻ **Tus momentos de felicidad de hoy (p. 60)**
Todos los días están llenos de pequeños momentos de felicidad y de éxito. Ten los ojos bien abiertos para percatarte de ellos, atrápalos y retenlos.

La rutina de la Semana

❼ **Tus cinco preguntas de la semana (p. 22)**
Esta sección contiene muchas preguntas, que probablemente nunca te habías planteado antes, todas ellas con el propósito de ayudarte a ser mejor.

❽ **Tu reto de la semana (p. 24)**
Aquí es donde abandonas tu zona de confort para hacer algo por los demás o por ti.

Página de muestra

. . . cómo podría ser tu rutina de los 6 Minutos.

LMMJVSD 09/09/18

❶ Doy gracias por...

1. Los rayos del sol sobre mi piel
2. El delicioso desayuno que me voy a preparar
3. Mis increíbles amigos que enriquecen mi vida

❷ Así es cómo voy a conseguir que hoy sea un gran día

Voy a hacer ejercicio porque quiero estar en forma y sentirme sano

Reservaré una hora para trabajar en mi proyecto actual, para sentirme productivo y con autodeterminación

Voy a meditar para estar más en paz conmigo mismo

❸ La afirmación positiva

Controlo mi actitud, decido ser fuerte y tener confianza en mí mismo

Cita del día o el reto de la semana

❹ Mi buena acción del día

Le abro la puerta a alguien

Sonrío sinceramente al barista

❺ Cómo voy a mejorar

Voy a llamar a mi madre y a peguntarle cómo le va

No voy a volver a tomar café después de las 14:00

❻ Grandes cosas que he experimentado hoy

1. Ana me ha dicho que tengo un gran sentido del humor
2. He conseguido todas las metas que me había propuesto para hoy
3. Mi compañero de trabajo Oliver me ha dado esta exquisita receta italiana

Más que un Diario

... lo que nos ofrecen las rutinas semanales y mensuales.

Las Cinco Preguntas de la Semana: la verdad sobre ti

Es más fácil conocer la mente de una persona por sus preguntas que por sus respuestas.

PIERRE-MARC-GASTON

Todos queremos respuestas. Normalmente, creemos que las respuestas nos aclaran cómo arreglar las cosas y, en el mejor de los casos, a ser más felices. Nuestro sistema laboral y nuestras escuelas nos han enseñado a pensar de este modo. A través de los exámenes y tareas, nos han enseñado a centrarnos en los resultados. Obtenemos buenas notas por las respuestas «correctas» y nuestros jefes nos dan una palmadita en la espalda por conseguir buenos resultados. Pero la vida no es solo conseguir metas, sino el propio viaje, con todos sus pequeños desvíos, baches e irregularidades del camino. Este hecho de que nuestra sociedad conceda tanta importancia a las respuestas y a los resultados también se refleja en nuestra vida personal.

Con demasiada frecuencia, no nos hacemos las preguntas correctas o no nos las preguntamos lo suficiente, porque estamos demasiado concentrados en hallar una solución rápida y en la gratificación inmediata. Las respuestas nos hacen creer que, cada vez que descubrimos algo, ya no es necesario seguir, mientras que las preguntas nos obligan a pensar, a romper con nuestros encasillamientos y a descubrir cosas nuevas. El proceso de plantear una pregunta y comprometernos con ella es lo que, en última instancia, nos hace avanzar y crecer. Ray Dalio, fundador del fondo de alto riesgo más famoso del mundo, dice: «Las personas inteligentes son las que plantean las preguntas más interesantes, en vez de pensar que tienen todas las respuestas. Las grandes preguntas son un indicador mucho más fiable del éxito, que las grandes respuestas».[14] Por esta razón, si quieres aprender, crecer y seguir adelante, es imprescindible que aprendas a valorar las preguntas. Con las Cinco Preguntas de la Semana, irás en la dirección correcta.

Las Cinco Preguntas de la Semana son nuevas y diferentes cada semana. O bien son profundas, interesantes, entretenidas, inspiradoras o una mezcla de todo lo dicho. Si hay preguntas que no te gustan, no dudes en pasar de ellas o mejor aún: ponles una marca y dales una segunda oportunidad al cabo de unas semanas. Pregúntate de dónde viene esa resistencia, porque a veces las preguntas que te resultan incómodas son las que te aportan las reflexiones más valiosas. También recuerda que, especialmente en lo que respecta a las preguntas profundas, no existe una única respuesta correcta.

“

Las personas con éxito son las que hacen las mejores preguntas, y, por ello, son las que obtienen las mejores respuestas.

TONY ROBBINS

En la ciencia, en tu vida profesional o personal, la mayoría de las respuestas son provisionales y cambian con el tiempo, mientras las preguntas fundamentales permanecen. Por consiguiente, algunas de tus respuestas a día de hoy podrían ser diferentes de las que darías dentro de un mes o de un año. Lo más importante de las Cinco Preguntas de la Semana no son tus respuestas, sino los maravillosos momentos en los que te escuchas a ti mismo mientras reflexionas e indagas para hallar esas respuestas

Para llegar a conocerte a ti mismo un poco,
has de estudiarte un poco.
IVAN SERGEJEVICH TURGENEW

Las personas más felices son las que han descubierto su propia naturaleza y viven de acuerdo a la misma. La mayor parte de la práctica de las Cinco Preguntas de la Semana sirve para ayudarte a crear una buena base, para que te sientas realizado en tu vida. Si te permites involucrarte realmente en estas preguntas, obtendrás una visión única que te permitirá trascender los aspectos de tu personalidad. Las preguntas alimentan tu pensamiento, te incitan a una búsqueda seria del alma y a reflexionar sobre tu estado mental actual, todas ellas están orientadas a que profundices y consigas aclarar el porqué de tus miedos, deseos y metas. Desentierras cosas olvidadas y reprimidas de los rincones más recónditos de tu mente consciente, y descubres cosas sorprendentes sobre ti. Te estás contemplando desde nuevas perspectivas, que guiarán tus pensamientos en nuevas direcciones, te permitirán abrir puertas que antes estaban cerradas y te ayudarán a abrir tu mente.

El Reto de la Semana: abandona tu zona de confort

El Diario de los 6 Minutos te aporta cada semana un reto único que te invita a que hagas algo bueno por los demás o por ti. Al principio, afrontar esos retos puede parecernos difícil, pero a la larga te sirve para mejorar tu bienestar. La naturaleza ha programado tu software de supervivencia para ahorrarte esfuerzo y energía. Por eso, es muy escéptica respecto a lo nuevo y lo que no le resulta familiar. Suele rechazar lo que no conoce, porque el subconsciente identifica lo novedoso con una amenaza. Esta es la razón por la que prefieres refugiarte en tu acogedora zona de confort. Prefieres quedarte donde todo es familiar y puedes reducir al mínimo el estrés y el riesgo. En un espacio libre de ansiedad, donde todo es más o menos predecible y seguro. Quieres un cuerpo atlético, pero no quieres ir al gimnasio o vencer la tentación de comer alimentos no saludables. Prefieres soñar que caminas hacia el altar de la mano de tu pareja perfecta a dar el primer paso para tener una cita.

Puesto que has comprado este diario, puede que estés más abierto a lo nuevo que la mayoría de las personas. Si aceptas los retos y te permites afrontar experiencias nuevas, aprenderás a ser flexible y a evolucionar. Los retos te obligan a saltar por encima de tu propia sombra. Aunque, materialmente, eso supondría desafiar las leyes de la física, y por lo tanto sería imposible, la mente sí es capaz de lograrlo. Al igual que Tim Ferriss, la voz del podcast más descargado del mundo, dice: «El éxito de una persona en la vida se suele medir por la cantidad de situaciones incómodas que está dispuesta a afrontar».[15] Tanto si es para tener más éxito en tu trabajo, en tus relaciones, en tus ambiciones espirituales o de estar en forma, tus metas y tu zona de confort no viven en la misma calle, ni siquiera comparten código postal. Por lo tanto, dar por bueno lo conveniente es conveniente pero no es bueno. Como cualquier progreso genuino en la vida, tu crecimiento personal tiene lugar fuera de tu zona de control. Prácticamente, saltas de tu nido mental de confort y conveniencia, y nadie se beneficiará de ello más que tú.

La Revisión Mensual: tu situación personal

Solo las personas más inteligentes usan su perspicacia no solo para juzgar a otros, sino también a sí mismas.

MARIE VON EBNER-ESCHENBACH

Estado de ánimo general, concienciación, comer sano, finanzas, diversión... ¿en qué punto estás en las diferentes áreas de tu vida? En esta sección revisarás tu situación general, esto te permitirá comparar cómo cambian con el tiempo los diferentes aspectos de tu vida. Al principio, harás inventario para definir en qué punto te encuentras en ese momento, y en los meses siguientes podrás ver cómo evolucionan diferentes áreas. Ahora, puedes echar un vistazo rápido (p. 68). Si hay una categoría que sientes que no puedes afrontar actualmente, déjala en blanco o táchala y sustitúyela por otro aspecto que te parezca que falta. No dudes en personalizar este diario a tu gusto y darle tu toque distintivo.

El Rastreador de Hábitos Mensual: toma buenas resoluciones y afianzarás tus hábitos

Los buenos hábitos son de suma importancia para una buena vida. Esta es la razón por la que hemos dedicado todo un capítulo al tema de los hábitos. Por eso, el Rastreador de Hábitos Mensual forma parte del diario (p. 69). No importa qué quieres cambiar, la mejor forma de realizar cambios de una manera sostenible es a través de los buenos hábitos, que vas creando dando pequeños pasos realistas. Con la ayuda del Rastreador de Hábitos Mensual, tendrás una herramienta única para forjar buenos hábitos y, del mismo modo, para deshacerte de los indeseados.

Los Fundamentos

... los principios teóricos en los que se basa este libro práctico.

Los Fundamentos de este diario se dividen en tres partes: la psicología positiva, los hábitos y la autorreflexión. Las investigaciones en el campo de la psicología positiva son el fundamento teórico de este diario, pero también trataremos los principios básicos de los hábitos y de la autorreflexión. Si aprendes bien estos principios podrás conseguir prácticamente todo lo que desees en la vida. Puede que, en el fondo, ya sepas algunas de estas cosas, pero es muy fácil olvidarlas en el ajetreo del trabajo, las responsabilidades sociales y tus propias necesidades. Los fundamentos te ayudan a entender y asimilar la teoría de estos principios, mientras que el diario te permite aplicarlos todos los días.

Fundamento 1: la psicología positiva

... la ciencia que hace más felices a las personas.

¿Qué es la psicología positiva? Los psicólogos no siempre han estudiado la felicidad. De hecho, hasta finales de la década de 1990, las investigaciones en el campo de la psicología se centraban casi exclusivamente en los aspectos negativos de la vida humana. Se estudiaba el tratamiento de la enfermedad mental y cómo debían las personas afrontar sus grandes trastornos, como son la depresión o las crisis emocionales. Una de las principales razones para ello es que la psicología como campo de investigación ha dependido siempre de las subvenciones estatales. Después de la Segunda Guerra Mundial, estos fondos se destinaron casi exclusivamente al tratamiento de las enfermedades mentales a consecuencia de la guerra. La psicología se centró en este aspecto durante los 50 años siguientes. Pero quedaron excluidas las personas que no padecían ningún tipo de enfermedad o trastorno mental, las que en general se sentían relativamente satisfechas con su vida. Resumiendo: las personas «normales». Algunos escépticos que estén leyendo esto puede que piensen que las personas normales son infelices, pero esto es totalmente falso. Las estadísticas hablan por sí mismas: basándonos en una combinación de 146 estudios diferentes, fueron encuestados un total de 188.000 adultos (incluidos 18.000 alumnos universitarios) de 16 países, y la inmensa mayoría de estas personas se consideraba «bastante feliz».[16] Como de costumbre, las excepciones confirman la regla. El cuadro cambia bastante en tiempos de guerra o de opresión política, como el *apartheid* en Sudáfrica o el genocidio de Camboya, pero si en la actualidad paseas por sus calles, podrías afirmar, casi sin temor a equivocarte, que hay más gente feliz que desgraciada. Esos mismos estudios demuestran que la felicidad está uniformemente distribuida en los distintos grupos de edad, culturas, sexos, rentas y países.

¿Qué podemos hacer para que la gente sea más feliz?

¿Qué es lo que hace que la vida valga la pena? ¿Qué mejora el bienestar de las personas y cómo pueden crear una vida que les guste realmente? ¿Qué puedes hacer para que la gente sea más feliz y se sienta más realizada, en lugar de limitarte a corregir sus defectos y sus deficiencias? Si pudieras medir el bienestar subjetivo de una persona en una escala del -10 (sumamente infeliz) al +10 (superfeliz), la principal pregunta que te plantearía la psicología positiva sería: ¿cómo puedes hacer que aumente el bienestar de una persona del 1 al 4 o del 5 al 8, en lugar de empezar en el -8 hasta el -3 o en el -2 hasta el 0?

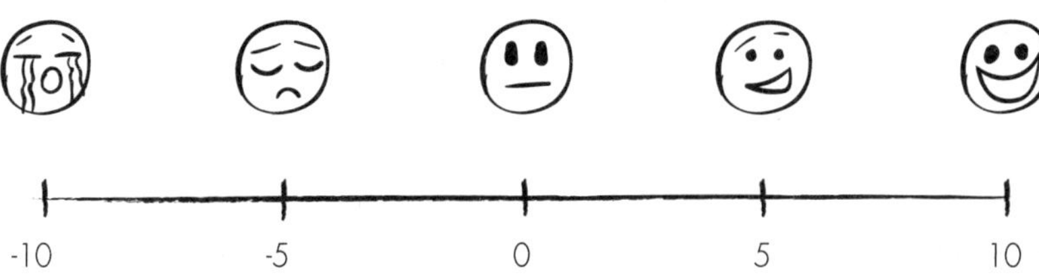

Dicho de un modo más sencillo: ¿cómo puedes hacer que los brotes se conviertan en flores, en lugar de intentar que florezcan las plantas marchitas? La psicología positiva es el estudio del florecimiento humano, la ciencia de lo que se necesita para gozar de una buena vida que tenga sentido.

La buena vida requiere una explicación aparte

Antes se pensaba que la recuperación del -5 al 0 equivalía al logro del bienestar y la felicidad. Los estudios han demostrado que esto es una falacia lógica. Nuestra intuición lo confirmaría: el hecho de que una persona ya no padezca depresión, no significa que cada mañana se levante feliz y contenta, deseando comenzar un nuevo día. Una vida feliz no necesariamente es el resultado de que esa persona se haya curado de la enfermedad que padecía. Veámoslo desde otra perspectiva. Un cero de la escala es básicamente diferente de todo lo que supere esa cifra. De ahí que la buena vida exija su propia investigación y explicación separada. Es inútil pretender simplemente darle la vuelta a los principios teóricos de la psicología (negativa). Por esta razón, la psicología positiva no centra sus investigaciones en las enfermedades y trastornos, sino en el bienestar de las personas y en cómo conservarlo y ampliarlo de una manera sostenible.

Por fin ha llegado la hora de que la ciencia intente entender la emoción positiva, crear fuerza y virtud, y proporcionar los indicadores para que las personas puedan encontrar lo que Aristóteles llamó la «buena vida».

MARTIN SELIGMAN

¡Todo el mundo puede resolver el dilema de la felicidad!

La psicología positiva depende de la fiabilidad de los descubrimientos científicos en los que se basa. La claridad de los mismos ha sido impresionante hasta la fecha. Aunque para casi cualquier teoría existe otra contraria, por el momento, no existen visiones opuestas científicamente probadas respecto a los mensajes esenciales de la psicología positiva. Es decir, la psicología positiva ha demostrado con éxito los siguientes puntos:

1. La gratitud es de suma importancia para el bienestar de una persona.
2. Una vida rica es más importante que ser rico, es decir, los aspectos materiales, como el dinero o la clase social, no son decisivos para ser feliz a largo plazo.
3. Las relaciones de una persona son imprescindibles para su bienestar subjetivo.
4. **La felicidad se puede aprender. Se puede adquirir felicidad, no es una cuestión del destino o de la buena o mala suerte.**

Este diario no equivale a llevar unas gafas de color rosa

El Diario de los 6 Minutos está diseñado para ayudarte a crear el hábito de ver las cosas que te hacen feliz. Además, también pretende ayudarte a descubrir cuáles son. Su objetivo no es hacerte ver las cosas a través de unas gafas de color rosa y negar o reprimir los sentimientos negativos de cualquier tipo, sino que consigas ver la vida de un modo más optimista. Tratar de enmascarar las realidades de tu vida y hacer ver que todo es como un cuento de hadas no es una visión sostenible. El pensamiento positivo ilusorio nunca es una buena solución a largo plazo, que es la razón por la que en la Rutina de la Noche de este diario se incluye una sección para que planifiques cómo quieres mejorar.

No puedes fabricar a medida las circunstancias de la vida, pero sí puedes adaptar tus actitudes para que encajen con las mismas.

ZIG ZIGLAR

Los lemas son: concéntrate en las oportunidades, no en los obstáculos. Una buena dosis de optimismo te aportará esperanza y una pizca de pesimismo evitará que seas demasiado indulgente. El realismo en su justa medida te ayudará a distinguir entre las cosas sobre las que puedes influir y sobre las que no tienes ningún control.

Acepta tu tristeza para saber valorar tu felicidad

Ni siquiera una vida feliz está exenta de sombras, y la palabra «feliz» perdería su sentido si no estuviera compensada por la tristeza.

CARL GUSTAV JUNG

¿Conoces a alguien que siempre parece ser feliz en todas las situaciones o circunstancias? Es más que probable que la vida interior de esta persona sea muy distinta de lo que aparenta, porque negar las emociones negativas conduce a otras todavía más graves y más duraderas.[17]

El valor es resistencia al miedo, dominio del miedo, no la ausencia del mismo.

MARK TWAIN

Nuestra sociedad actual se rige por una cultura de consumo y unos medios sociales cuyos temas principales son: «¡Soy muy feliz, estoy enamorado, soy sexi!», «Soy único y especial, porque hago algo diferente!» o «¡Eh! ¡Mírame! ¡Mi vida es mucho más guay que la tuya!» Se ha educado a toda una generación para que crea que las experiencias negativas (miedo, ansiedad, tristeza, culpa, etc.) no son buenas. No obstante, lo verdaderamente importante es que sin emociones negativas no podemos experimentar las positivas. No hay yang sin yin, valor sin miedo, luz sin oscuridad, ni felicidad sin tristeza. Para ser feliz es necesario e, incluso saludable, experimentar una cierta cantidad de emociones.

Cuanto antes aceptes que no puedes evitar la tristeza y el dolor por completo, antes dejarás de evitar tu felicidad personal. No puedes crear felicidad eternamente perfecta, pero puedes intensificarla. No puedes tener la vida perfecta, pero puedes vivir una buena vida. *El Diario de los 6 Minutos* no te conducirá a un estado de felicidad pura, pero si lo usas como corresponde serás más feliz que antes. Te conocerás mejor, te querrás más profundamente y te acercarás más a tus metas.

“

No te puedes proteger de la tristeza sin protegerte de la felicidad.

JONATHAN SAFRAN FOER

Fundamento 2: los hábitos

. . . la autopista hacia tu mejor versión.

Las naturalezas de los seres humanos son idénticas, son sus hábitos los que los distinguen.

CONFUCIO

Los seres humanos son criaturas de costumbres. El 95% de nuestras decisiones diarias las tomamos sin que intervenga nuestra mente consciente.[18] Estas decisiones las toma nuestro subconsciente, que se rige por la rutina y los automatismos, en cuestión de milisegundos. En general, el 70% de nuestros pensamientos diarios son idénticos a los del día anterior y el 40% de nuestra conducta se repite todos los días, por puro hábito.[19] Por esta razón es comprensiblemente difícil conseguir que el animal de costumbres abandone su rutina.

Imagina el siguiente escenario: una cadena de radio promociona un concurso con un premio de 50.000 euros. La locutora de radio, Hailey Brooks, llamará a un número de teléfono local elegido al azar en algún momento de la semana. Si respondes al teléfono diciendo el apellido de la locutora, en lugar del tuyo, esos 50.000 euros serán tuyos. Actualmente, tienes una deuda de 45.000 euros, así que podrías pagarla sin problemas si ganaras el concurso. La locura del concurso se ha contagiado a toda la localidad y todo el mundo habla de él. Tú tienes la suerte de tener esa semana libre y, hasta ahora, desde el lunes, has podido responder a cada llamada diciendo: «Soy Hailey Brooks». Ya es sábado por la tarde, son las 20:57 y estás a punto de ver el capítulo siguiente de *Juego de tronos* en la HBO. Mientras te preparas un delicioso sándwich para comértelo mirando tu serie, suena el teléfono. Lo único que tienes en la mente es que no te quieres perder el episodio por una estúpida llamada en frío. Te apresuras, descuelgas el teléfono y... ¡respondes con tu nombre! Por supuesto, quien está al otro lado del aparato es Hailey Brooks y has perdido los 50.000 euros. ¿Cómo te ha podido pasar esto? La respuesta es muy sencilla, tu pequeño animal de costumbres interior te ha vuelto a demostrar quién manda. No importa todo lo que podías haber hecho con esa pasta, ¡la voluntad y el hábito son dos cosas muy distintas!

Unos pocos días no han bastado para cambiar tu hábito y liberar al animal de su jaula habitual, de su hábitat. En realidad, se necesitan unos 66 días para conseguirlo, proceso que explicaré con detalle más adelante. En términos generales, se necesita la misma cantidad de tiempo para cambiar cualquier otra conducta. Por lo cual es bastante obvio que no puedes cambiar tu actitud respecto a la vida y orientarla hacia una dirección más positiva, en tan solo unos pocos días. Asimismo, necesitarás algo más que unos días para que *El Diario de los 6 Minutos* surta efecto en tu vida. Puesto que va a acompañarte durante algo más de 66 días, medio año para ser exactos, esto te da tiempo más que suficiente para adquirir o abandonar cualquier hábito que desees. Para que la transformación tenga éxito, es mejor ir paso a paso, en lugar de dar zancadas. Empieza poco a poco, pero sueña a lo grande y verás cómo, con el tiempo, tus hábitos se convierten en parte de ti.

“

Primero creamos nuestros hábitos, y, luego, son estos los que nos crean a nosotros.

JOHN DRYDEN

La fuerza de voluntad es un recurso limitado

Por la mañana, un hombre camina con todo su cuerpo; por la noche, camina solo con sus piernas.

RALPH WALDO EMERSON

¿Has experimentado días en los que se te ha exigido mucho, has tenido que tomar muchas decisiones y cuando llegas a casa estás exhausto? ¿Te ha costado más en esos días contener tus impulsos naturales espontáneos? Es más probable que te saltes la dieta, que pospongas algo, que dejes para más adelante una tarea importante o que estés distraído. ¿Por qué se suele dar este fenómeno al final del día?

Roy Baumeister y sus rábanos

El siguiente experimento, dirigido por el doctor Roy Baumeister, un conocido psicólogo social, puede que nos ayude a aclarar la pregunta que he planteado más arriba. A los voluntarios se les pidió que ayunaran antes de iniciar el experimento, y luego se les colocó en una habitación con cookies de chocolate recién hechas y rábanos rojos crudos. Al grupo 1 se le permitió comer lo que quisiera, mientras que al grupo 2 solo se le permitió comer los rábanos. Acto seguido, a ambos grupos se les pidió que resolvieran un rompecabezas geométrico, que en realidad no tenía solución. El grupo 1 se rindió a los 20 minutos, mientras que el grupo 2 tiró la toalla aproximadamente a los 8 minutos: una diferencia importante. Los que habían comido rábanos se rindieron antes porque su fuerza de voluntad estaba debilitada tras haber resistido a la tentación de las cookies. Cuando intentaron resolver el rompecabezas, ya no podían encontrar la fuerza para mantener su voluntad involucrándose en otra ardua tarea, y la causa no era que simplemente tuvieran más hambre que los otros. Estudios posteriores también han demostrado que nuestra reserva de voluntad diaria es un recurso limitado.[20] No solo se agota por resistirse a la tentación, sino por tomar decisiones. Esta es la razón por la que Steve Jobs llevaba siempre el mismo polo con cuello alto; por la que Barack Obama lleva siempre el mismo traje y Mark Zuckerberg lleva la misma camiseta todos los días: para evitar la fatiga de tomar decisiones. Plantarse todos los días ante el armario, elegir qué te vas a poner o estar en la cama dudando de si vas a volver a apagar la alarma del despertador puede suponer malgastar una valiosa cantidad de energía. Puesto que vamos perdiendo fuerza de voluntad a lo largo del día, por la noche ya la has agotado, lo cual te hace más vulnerable a tus propios antojos, impulsos y deseos básicos. Los buenos hábitos ayudan a prevenir este fenómeno. No necesitan una decisión porque esta ya ha sido tomada.

“

La motivación es lo que te pone en marcha. El hábito es lo que te hace seguir.

JIM ROHN

Esta es la razón por la que los hábitos son tan valiosos: nos ayudan a ahorrar fuerza de voluntad

Después de 500 *curls* de bíceps, apenas podrás levantar el brazo. Del mismo modo, tras enfrentarte a tomar muchas decisiones y resistir tentaciones, tu fuerza de voluntad ya no podrá ofrecerte un rendimiento máximo. Por este motivo, es más probable que caigas en la tentación del tarro de helado de Ben & Jerry's o que tomes un segundo vaso de vino después de haber tenido un día de trabajo especialmente duro. Asimismo, estudiar demasiado antes de un examen puede conducir a algunos de los peores excesos la noche después del mismo.

Por ejemplo, ¿por qué es conveniente que tomes decisiones saludables durante el día, una y otra vez? ¿Por qué has de valorar cada pequeña decisión por separado? ¿Me tomo un refresco de cola o un vaso de agua? ¿Hago una sesión de ejercicio o de Netflix? ¿Me como una ensalada o una hamburguesa con queso? ¿No es acaso mucho más sencillo afianzar el hábito de comer sano de una vez por todas y liberarte de los repetidos esfuerzos de tener que tomar una decisión? Puedes aplicar esta misma lógica a todas las otras áreas de tu vida. Al principio, ensayar un nuevo hábito nos exige mucha fuerza de voluntad, por supuesto, pero una vez has conseguido arraigarlo, puedes soltar las manos del volante de la toma de decisiones y sacar el pie del acelerador de la fuerza de voluntad. Ya puedes activar el control de crucero del hábito y realizar las acciones deseadas con el piloto automático. La vida se vuelve más sencilla y muchas de las dificultades y molestias diarias desaparecen de este modo. **Las cosas que requerían mucha fuerza y esfuerzo no hace tanto tiempo, ahora las haces sin darte cuenta**.

Si usas regularmente *El Diario de los 6 Minutos*, el optimismo se convertirá en uno de tus nuevos hábitos. Esta nueva costumbre evitará que malgastes tu valiosa fuerza de voluntad intentando ver las cosas de una forma más positiva. Ya has adquirido el hábito de hacerlo. Los rituales y las respuestas automáticas facilitan la vida, porque no sobrecargan innecesariamente nuestro cerebro. Cuantas menos decisiones pequeñas tengas que tomar en el transcurso del día, con más eficacia tomarás las que importan. Esto te deja suficiente tiempo y capacidad cerebral para cuando más la necesites; concretamente, para afrontar los temas difíciles, importantes y urgentes del día.

La ciencia confirma que: para crear un hábito hacen falta 66 días

La psicóloga Phillippa Lally ideó un experimento para descubrir cuánto tiempo se necesita para crear y afirmar nuevos hábitos. En el estudio participaron menos de un centenar de personas de una edad media de 27 años. A los participantes se les pidió que adoptaran una rutina saludable y que la siguieran durante 84 días consecutivos. Podían elegir entre salir a dar un paseo de 15 minutos, comer una fruta durante el almuerzo todos los días o hacer 50 abdominales cada mañana. Se pudo demostrar que el periodo entre la ejecución consciente del ejercicio y el hábito automatizado era de un promedio de 66 días.[21] Con los hábitos complejos, este proceso lleva un poco más de tiempo que con los más simples. En el contexto del experimento, se suponía que comer una fruta en el almuerzo cada día era un hábito sencillo, mientras que hacer los 50 abdominales cada mañana era uno más complejo. Incluso los que se saltaron uno o dos días, al final cumplieron su objetivo. Esto significa que puedes terminar tu casa de felicidad con la ayuda de *El Diario de los 6 Minutos*, aunque no hayas puesto un ladrillo uno o dos días. Se podría resumir del siguiente modo:

1. Después de aproximadamente 66 días, la nueva conducta se vuelve automática, se convierte en parte de tu vida.
2. Forjar hábitos no es un proceso de todo o nada. Los deslices esporádicos se pueden perdonar.

Lo que hace que *El Diario de los 6 Minutos* sea tan especial, es el hecho de que cada párrafo de la Rutina de la Mañana y de la Noche se traduzca en el desarrollo de un nuevo y ventajoso hábito, que se acabará convirtiendo en parte de ti, en un periodo de unos 66 días. Durante los seis meses siguientes, cada mañana y cada noche tejerás unos cuantos hilos nuevos, hasta convertir tu vida en una red de hábitos positivos.

Observa tus pensamientos, porque se convertirán en palabras.
Observa tus palabras, porque se convertirán en acciones.
Observa tus acciones, porque se convertirán en hábitos.
Observa tus hábitos, porque se convertirán en tu carácter.

LAO TSE

Puedes ejercitar tu fuerza de voluntad, del mismo modo que ejercitas tus bíceps

¿Qué sucede en estos 66 días? La corteza prefrontal de nuestro cerebro es la responsable del autocontrol, luego aquí es donde se encuentra la fuerza de voluntad. Como cualquier otro músculo, se fatiga cuando se usa demasiado. Aunque los músculos se fatigan a corto plazo, a largo plazo se refuerzan al ejercitarlos regularmente. De la misma manera, puedes mejorar tu fuerza de voluntad hasta cierto punto y ejercitarla como un músculo. Si en una zona del cerebro se registra un aumento de la actividad, esto conduce al crecimiento y la reestructuración de los senderos neuronales. La zona se agranda físicamente.[22] Lo que se conoce como desarrollo o hipertrofia muscular por hacer ejercicio o levantar pesas, en el sistema nervioso central (cerebro y médula espinal) se denomina neuroplasticidad. Si quieres comer dos frutas cada mañana o crear una práctica de meditación, tus senderos neuronales se habrán reprogramado para ello en unos 66 días, gracias a la neuroplasticidad. Una vez completada la «instalación» en tu cerebro, no puede ser reprogramada tan fácilmente. Lo mismo sucede con la actitud positiva o el desarrollo de la actitud mental. Para conseguirlo tendrás que reconectar tu cerebro por medios similares.

El efecto del interés compuesto

Cuando a Albert Einstein le preguntaron cuál era la fuerza más poderosa del universo, respondió espontáneamente: «El poder del interés compuesto». Warren Buffet, probablemente, el inversor con más éxito de todos los tiempos, dio la misma respuesta cuando le preguntaron cuál era el factor más importante de su éxito. Puesto que estos dos caballeros son dos fuentes de referencia bastante creíbles, deben tener una razón: si inviertes 10.000 euros a un interés anual del 5%, al final del primer año tendrás 10.500 euros, pero casi 27.000 al cabo de veinte años. Todos estamos familiarizados con el efecto del interés compuesto y lo que ello implica para nuestras cuentas de ahorro, pero también podemos beneficiarnos del mismo efecto sin invertir dinero. Si todos los días mejoras un 1%, un compuesto diario, eso suma 3778% al año, lo cual significa que serás 38 veces mejor que cuando empezaste. Estos mismos efectos de crecimiento se pueden observar en los hábitos humanos. Aquí el interés son los pasitos que damos todos los días. Los resultados de estos pasos crecerán exponencialmente, en proporción al tiempo. No son solo las decisiones de grandes proporciones las que nos hacen felices y nos aportan el éxito, sino la acumulación de muchas pequeñas.

Decisiones inteligentes y pequeñas + coherencia + tiempo = CAMBIO RADICAL

DARREN HARDY

Permíteme que te ponga un ejemplo práctico: si todos los días dedicas diez minutos a leer sobre un tema de «crecimiento personal», a corto plazo no notarás una gran diferencia en tu vida. Sin embargo, al cabo de un mes, empezarán a surgir ideas e inspiraciones importantes. Por ejemplo, podrías tener la inspiración de que quieres integrar más gratitud y aprecio en tu vida. Al cabo de otro mes más, durante tus diez minutos diarios, descubres *El Diario de los 6 Minutos*. Decides comprarlo, con la convicción de que de ahora en adelante, el tiempo que dedicabas todos los días a tu «crecimiento personal», se lo dedicarás a este libro, incluso te ahorrarás cuatro minutos diarios.:) Empiezas siendo más agradecido y observas algunos pequeños cambios positivos, sin importancia aparente. A los tres meses, habrá aumentando tu grado de gratitud y de conciencia, y, por consiguiente, a la larga mejorarán tus relaciones, tu vida será más satisfactoria y afrontarás cada día con más optimismo. Tu sueño mejora, llevas mejor las riendas de tu vida, vivirás más tiempo y te sentirás más realizado. **Al principio los efectos son fraccionarios, pero con el tiempo, se vuelven radicales.**

“

Por el amor de Dios, ejercítate en las cosas pequeñas y luego ve a por las grandes.

EPICTETO

Un buen hábito rápidamente se transforma en varios

Otro paralelismo entre el interés compuesto y los hábitos es que una vez has dado el primer paso, los siguientes suelen venir por sí solos. Una vez has instaurado un buen hábito, suele convertirse en el terreno abonado del cual otros buenos hábitos crecen casi automáticamente, del mismo modo que el interés compuesto del banco trabaja por sí solo, después de haber invertido o ingresado el dinero. Si seguimos con la analogía financiera, se podría decir que cada hábito tiene índices de interés más altos o más bajos. Por consiguiente, ciertos hábitos serán más ventajosos que otros, para una mejor inversión inicial de tu energía, disciplina y fuerza de voluntad. Esos hábitos de alto rendimiento son los «hábitos clave»[23] y algunos ejemplos irrefutables son hacer ejercicio, meditar, leer o escribir. Una vez adquiridos, estos hábitos básicos se abrirán camino hacia otras áreas de tu vida, haciendo que otros hábitos resulten más naturales y menos tediosos. ¿Por qué has de dedicar tu tiempo a cambiar docenas de hábitos si puedes conseguir tus metas cambiando solo unos cuantos? Utiliza tu energía con inteligencia y céntrate primero en desarrollar esos hábitos, porque ellos se encargarán de cambiar, eliminar y remodelar otros hábitos. Al usar este diario estarás aplicando esta misma estrategia, pues estarás inculcando un hábito básico crucial. *El Diario de los 6 Minutos* incrementará exponencialmente la riqueza en tu vida, puesto que te conducirá a desarrollar un gran número de buenos hábitos, como el optimismo, la gratitud diaria y el crecimiento, a través de la reflexión.

El interés compuesto es la octava maravilla del mundo.
El que lo entiende, lo gana..., el que no lo entiende... lo paga.

ALBERT EINSTEIN

Existen varios estudios que aportan pruebas de la eficacia de los hábitos básicos. Por ejemplo, en uno de ellos los participantes tuvieron que hacer levantamiento de pesas durante dos meses. Un hábito positivo desencadenó otros y los participantes no tardaron en empezar a comer de manera más saludable, a beber menos alcohol y a fumar menos, se aplicaron más en sus estudios e incluso ordenaban sus habitaciones con más frecuencia.[24] En otro estudio, los participantes tenían que escribir detalladamente en una libreta todo lo que habían comprado en cuatro meses. Esto no solo mejoró su situación económica, sino que un hábito influyó en otros, comían de manera más saludable, bebían menos alcohol y cafeína, fumaban menos, hacían más ejercicio y eran más productivos en su trabajo.[25] ¿Te suena? ¿Cuándo fue la última vez que adoptaste un hábito positivo? ¿No observaste que a ese le siguieron otros hábitos positivos casi automáticamente?

En resumidas cuentas

Los hábitos son la mejor forma de conseguir tus metas. Utiliza *El Diario de los 6 Minutos* cada día y observa cómo se obra la magia. No hay ningún ascensor que te conduzca a tu éxito personal. Has de usar la escalera.

Fundamento 3: la autorreflexión

. . . donde te ves a ti mismo y lo que te hace feliz.

¿Qué tienen en común todas las partes de la Rutina de la Mañana y de la Noche? Pues bien, que bien utilizadas aumentan paulatinamente tu felicidad. Para que esto sea posible, en primer lugar, cada parte de la rutina diaria da comienzo a valiosos procesos de reflexión.

¿Qué es un proceso de reflexión?

La reflexión es un proceso donde las acciones del pasado, presente y futuro quedan vinculadas a tus pensamientos. Aquí lo importante no es lo que piensas, sino cómo lo piensas. Dicho de otro modo, lo que cuenta es el proceso de pensamiento (veamos esto para las Cinco Preguntas de la Semana y la Rutina de la Noche). En este proceso evalúas tus acciones en el contexto de las experiencias pasadas o metas que te has propuesto. Esta evaluación es la que te permite descubrir opciones y decisiones sobre cómo quieres proceder.[26] Imagina la autorreflexión como si fuera un ascensor que te lleva hasta el fondo de tu subconsciente, donde podrás observar más de cerca el centro de control. Allí, podrás tomarte tu tiempo para recopilar reflexiones exclusivas y examinar todos los mecanismos y patrones por los que se rigen tus actos, tu forma de sentir y de pensar. Gracias a este proceso, aprenderás cosas nuevas sobre ti y estarás creando un instrumento ideal para tomar decisiones, que te servirá para realizar cualquier cambio de conducta.

¿Qué opina la ciencia al respecto?

La ciencia opina que las personas que cuentan con la sofisticada habilidad de reflexionar sobre sí mismas tienen ventaja en casi todas las demás áreas de su vida. Planifican mejor y tienen un don especial para manejar sus emociones, son más disciplinadas y tienen más capacidad de concentración, toman decisiones deliberadamente y, por último pero no menos importante, cuentan con una mayor capacidad para prever posibles problemas.[27]

> **“**
>
> ***No puedes enseñarle todo a un hombre, solo puedes ayudarle a que lo encuentre dentro de sí mismo.***
>
> GALILEO GALILEI

La autorreflexión como requisito previo para el desarrollo personal

¿Cómo quieres mejorar e incrementar tu satisfacción en la vida, si ni tan siquiera te conoces a ti mismo? Cuanto mejor te conoces y más abierto estás a tu diálogo interior, más despejado estará el camino que has de seguir. Puesto que el cambio continuo es inevitable, para lograr la felicidad duradera has de evitar anclarte en tu propio punto de vista y en tus antiguos patrones de pensamiento. Adoptar una visión helicóptero de tus propias acciones es muy útil, porque te ayuda a promover diálogos más abiertos contigo mismo. A veces, tus emociones son como una especie de camisa de fuerza que te impide cualquier iniciativa de cambio, y te encamina hacia una dirección sin que ni siquiera seas consciente de ello. Entonces, entra en juego la autorreflexión, que puede ser el punto de partida para cualquier cambio. Te permite observar tus emociones en lugar de identificarte con ellas. Es una forma de distanciarte del torbellino de tus pensamientos y de tu caos emocional. De este modo, liberas tu conducta actual de la espontaneidad y arbitrariedad de tus emociones. Cuanto más practiques, más fácil te resultará. La Rutina Diaria de la Noche, las Cinco Preguntas de la Semana y la revisión esporádica de tus anotaciones antiguas en el diario te ayudarán a mejorar la supervisión de tu propio centro de control.

Minutos valiosos para preguntas todavía más valiosas

¿De qué estás agradecido y qué es lo que te hace feliz? ¿Cómo puedes incorporar más de esto en tu vida? ¿No has experimentado nunca cómo se aclaran este tipo de cosas, cuando piensas en ellas en los momentos de calma y de serenidad? En el ajetreo de la vida cotidiana, tu cerebro recibe el bombardeo de tantos estímulos externos que casi es imposible distinguir entre lo que son tus propios pensamientos y lo que es una reacción a tu entorno. Esta es precisamente la razón por la que has de escribir en tu diario nada más levantarte y justo antes de acostarte. En esos momentos, nadie te molesta, ni hay factores externos que te influyan. Solo estás tú y tu autorreflexión.

VISA: sin reflexión, no hay éxito

Si alguien va a usar una tarjeta de crédito (en cualquier parte del mundo) es muy probable que sea VISA. Todo el mundo conoce la tarjeta VISA, pero ¿quién conoce a Dee Ward Hock, el hombre que fundó la empresa en 1968? Durante décadas, ha sido el director general de VISA y se le considera un pionero en el mundo de los negocios. Después de manejar temas empresariales durante más de 50 años, está convencido de que la autorreflexión es la clave del éxito. Según su punto de vista, el 50% de nuestro tiempo deberíamos emplearlo en la autogestión, a fin de entender mejor nuestras metas, motivaciones, valores y nuestra propia conducta.

La autorreflexión como proceso continuo

Una persona nunca es igual durante mucho tiempo. Cambia constantemente. Apenas se mantiene idéntica ni tan siquiera durante media hora.

GEORGE GURDJIEFF

No te levantas un día y observas que se han producido cambios fundamentales en ti. Tu identidad, como la arena de la playa, que se transforma constantemente adoptando nuevas formas y estructuras, sufre cambios y alteraciones. Por esta razón, hemos de replantearnos las respuestas a las preguntas importantes de la vida y reflexionar sobre ellas una y otra vez. Veamos el ejemplo de la pensión de jubilación. ¿Quién piensa en la jubilación a los quince años? Probablemente, muy pocas personas. No obstante, 10 o 15 años más tarde, esa situación la vemos de forma muy distinta, cuando la seguridad económica se vuelve más importante y puede contribuir notablemente a tu satisfacción general en la vida. Cuando eres adolescente, las cosas que te hacen feliz son muy distintas de las que te harán feliz diez años más tarde. Esta es la razón por la que frecuentemente los cambios en nosotros mismos los notamos meses, años o incluso décadas después. Cuanto mejor sigas y comprendas el cambio al que estás sometido incesantemente, más exacta será tu brújula interior para tomar decisiones. Un proceso de autorreflexión serio no se produce de la noche a la mañana, ni tampoco es un asunto de ahora o nunca. Es más bien un proceso constante, una conversación ininterrumpida contigo mismo. Y como sucede con cualquier conversación, puede haber tremendas diferencias en la calidad de la misma. Si vas a responder superficial y esporádicamente a la pregunta de por qué estás agradecido, las respuestas apenas tendrán efectos duraderos. El libro que tienes en tus manos te brinda la oportunidad de responder a estas preguntas regularmente. Ahonda cada vez más en ti mismo y practica una valiosa autorreflexión en el mínimo tiempo posible.

Pero yo ya sé lo que quiero...

Probablemente, estés convencido de que ya sabes lo que quieres: una gran familia, más dinero, buena comida, independencia, (más) sexo, poder, diversión, variedad, vacaciones y cosas por el estilo. Seguramente, en un nivel más abstracto, sabes lo que deseas, pero vayamos a la esencia de lo que realmente deseas y qué es lo que da sentido a tu vida. ¿Qué actividades concretas de tu vida cotidiana te hacen feliz? ¿Qué pequeñas acciones específicas realizas todos los días para conseguir una vida más satisfactoria? Las pequeñas acciones que realizas son más importantes que las grandes que planificas. Con la ayuda de *El Diario de los 6 Minutos*, descubrirás estas acciones concretas. Al escribirlas regularmente, el subconsciente las recuerda y las realiza dondequiera que estés (véase SAR, p. 52). Cuantas más veces lo hagas, estas acciones concretas pasarán a formar parte de Tu rutina diaria y de Ti, de un modo más evidente y espontáneo.

La pregunta «¿Qué es exactamente lo que quieres?» se vuelve más importante...

Los antiguos trabajos desaparecen y surgen otros nuevos. Los conocimientos antiguos pierden valor y se hacen necesarias nuevas habilidades. Actualmente, gracias a Internet, todo el mundo tiene acceso al conocimiento, que es la razón por la que hoy en día el aprendizaje continuo es más importante que nunca. Antes solíamos alabar al empleado leal que trabajaba toda su vida en la misma empresa. Hoy en día, el concepto de tener un trabajo para toda la vida se considera una excepción. La gente solía vivir en el mismo lugar toda su vida mientras que ahora, tener flexibilidad geográfica es casi un requisito imprescindible. La mayoría de nuestros padres todavía están haciendo el mismo tipo de trabajo que cuando terminaron sus estudios, o lo hicieron hasta que se jubilaron. En la actualidad, me parece que muchas personas cambian de trabajo como de camisa. Los cambios en los programas de estudios, de orientación profesional o de empresa son lo habitual. La abrumadora variedad de opciones profesionales hace que cada vez sea más difícil elegir un único camino y ceñirse al mismo. Esta abundancia de posibilidades se puede aplicar a todas las demás decisiones que hemos de tomar en la vida. Hay infinidad de libros sobre el mismo tema, infinidad de productos para el mismo fin, infinidad de proveedores que ofrecen el mismo servicio. Cada vez nos dan más opciones y menos tiempo. Los árboles no nos dejan ver el bosque.

Debido al número de opciones casi infinito, lo más importante es que te preguntes qué es lo que quieres. Este es el primer paso para que te concentres exactamente en lo que más te satisface. Décadas de investigaciones han demostrado que no somos especialmente buenos identificando qué es lo que nos hizo felices en el pasado. Cuando recordamos lo que nos hizo felices, solemos añadir y eliminar detalles clave sin darnos cuenta, aunque muchas veces, fueran esos detalles los que nos hicieron felices.[28] **Con *El Diario de los 6 Minutos*, evitas ser víctima de los recuerdos imprecisos; esto, a su vez, te ayuda a reproducir el mosaico de tu felicidad**. Como es natural, no adquirirás esta perspicacia con solo tres días de hacer anotaciones, pero la claridad se producirá con el paso del tiempo.

¿Qué mejor forma hay de recordar lo que realmente deseas que no sea escribiéndolo cada día? ¿Qué es lo que esperas, de qué estás agradecido y qué acontecimientos han tenido lugar en el transcurso del día? Al responder a estas preguntas diariamente, vuelves a poner en marcha, una y otra vez, el proceso mental correcto. *El Diario de los 6 Minutos* es una llave, que aunque pequeña, puede abrirte grandes puertas. Puede ayudarte a abrir la puerta de lo que te hace feliz en la vida. No obstante, eres Tú el que ha de atravesarla.

“

Si un hombre no sabe hacia qué puerto se dirige, ningún viento le será favorable.

LUCIO ANNEO SÉNECA

La
Rutina de la Mañana

. . . y por qué es la forma perfecta de empezar el día.

Cuando te levantes por la mañana, recuerda el privilegio que es estar vivo: respirar, pensar, disfrutar, amar.

MARCO AURELIO

Tu manera de empezar el día suele determinar cómo será el mismo. La Rutina de la Mañana de *El Diario de los 6 Minutos* tiene como fin la liberación de dopamina y que estés totalmente despierto. De este modo puedes utilizar los primeros momentos del día para recargar baterías con energía positiva y dar comienzo a un día productivo. Es como buscar una diana con una flecha y un arco: te concentras en el día que tienes por delante, tensas el arco y te dispones a atacar tus metas en el transcurso del mismo. No importa a qué hora te levantes, la Rutina de la Mañana es la más importante de todas. Intentar encontrar a una persona con éxito que no tenga un ritual matinal es como buscar una aguja en un pajar. Pero, quizás nunca has sido una persona de mañanas o crees que no te sobran esos minutos antes de salir de casa. En tal caso, te pido que leas las siguientes rutinas matinales de personas que están mucho más ocupadas que la mayoría de los simples mortales como nosotros.

Nadie está tan ocupado, como para no tener tiempo de contarle a todo el mundo lo ocupado que está.

ROBERT LEMBKE

Barack Obama: El expresidente de los Estados Unidos empieza su rutina de la mañana dos horas antes de su primera cita oficial del día. En esas dos horas no permite que ningún medio de comunicación o noticia influya en su cerebro. Seis veces a la semana, dedica 45 minutos a hacer cardiovasculares y entrenamiento con pesas, después de hacer ejercicio desayuna con su familia. Respecto a sus mañanas dice lo siguiente: «Cuando sigo mi rutina matinal, el resto del día es mucho más productivo».

Arianna Huffington: gracias a su gran influencia, a la editora jefe del diario online *HuffPost*, se la conoce como la «Reina de los blogueros». Empieza el día haciendo ejercicios respiratorios, a continuación medita 30 minutos y, por último, escribe tres cosas por las que se siente agradecida. Después, se toma su café de la mañana y define sus metas para el día. Está tan convencida de los efectos positivos que tiene la meditación en su vida, que ofrece gratuitamente cursos de meditación semanales a sus empleados. Durante su rutina matinal, evita mirar el móvil el máximo tiempo posible.

Jack Dorsey: es el inventor y cofundador de Twitter y Square. Como director general de dos corporaciones valoradas en dos mil millones de dólares, trabaja 16 horas diarias, ocho para Square y otras ocho para Twitter. Sin embargo, todas las mañanas se levanta a las 05:30 para dedicar 30 minutos a la meditación y a correr diez kilómetros o a hacer ejercicio otros 30 minutos. [Si te apetece leer sobre estas rutinas matinales, puedes leer 25 más en nuestro e-book *The Golden Morning Routine* (La Rutina de Oro de la Mañana), que podrás encontrar en createurbestself.com.]

La lista se podría ampliar indefinidamente: Bill Gates, Maya Angelou, Richard Branson, Woody Allen, Cameron Díaz, Stephen King, Michelle Obama, sir Alan Sugar, Hillary Clinton, Sylvester Stallone, Tim Ferriss, Arnold Schwarzenegger, Melinda Gates, Kate Middleton… todos ellos y ellas adoran sus rituales matinales. Ten en cuenta que esto no es un fenómeno del siglo XXI: Marco Aurelio, Ludwig van Beethoven, Johann Wolfgang von Goethe, Winston Churchill, Ernest Hemingway, Sigmund Freud, Agatha Christie, Charles Darwin, Mark Twain, William Shakespeare, Immanuel Kant, Jane Austen, y muchas otras personas que recordamos conocían el valor que tiene seguir una rutina matinal, mucho antes de nuestros días. Todas ellas tenían o tienen rituales matutinos, y todas ellas se dedicaban o dedican parte de su tiempo a sí mismas, a primera hora de la mañana. ¿Todavía crees que no puedes invertir tres minutos en tu bienestar cada mañana?

Resérvate un tiempo para ti por la mañana

«En caso de emergencia, colóquese primero su máscara de oxigeno antes de ayudar a otros.» Hay una buena razón para esta instrucción de seguridad; si tú no puedes respirar, tampoco podrás ayudar a otros. Esto mismo puedes aplicarlo a tu vida diaria; una vez sales de casa por la mañana, principalmente, gastas tu energía en ofrecer un servicio a los demás. En el transcurso del día, relegas tus propias necesidades con más frecuencia de lo que piensas. Por consiguiente, tiene más sentido, si cabe, ocuparte antes de tus propias necesidades. De este modo, recargas completamente tus baterías para toda la jornada, en vez de recurrir ya desde primera hora a tu reserva de energía. Esto no es en modo alguno un acto egoísta, porque recuerda que, tan pronto como puedas respirar, podrás ayudar a otros a hacer lo mismo. La próxima vez que te sientas «demasiado cansado» o que te «despiertes demasiado tarde», escribe igualmente en *El Diario de los 6 Minutos*. Colócate en el primer puesto de tu lista de prioridades y comprométete a conseguir esos minutos extra en tu programación matinal.

> “
>
> ***Tu primera obligación es hacerte feliz a ti mismo. Solo cuando tú seas feliz podrás hacer feliz a los demás.***
>
> LUDWIG ANDREAS FEUERBACH

¿Actúas o reaccionas?

O eres tú el que dirige tu propio día o este te dirigirá a ti. Una persona reactiva dice: «He de», «No tengo tiempo para», «No puedo» o «¿Por qué lo paso siempre tan mal?» La persona proactiva, sin embargo, dice: «Quiero», «Me las arreglaré para tener tiempo para», «Encontraré la manera de hacerlo» o «¿Qué puedo hacer para ser más feliz?» Empezar el día de una manera proactiva significa hacerlo de un modo creativo, formativo y con autodeterminación.

La mayor parte de la población empieza el día reactivamente. El 78% de las personas que tienen teléfono móvil lo miran a los 15 minutos de levantarse de la cama.[29] Lo primero que miran suelen ser las redes sociales como Facebook, Instagram o WhatsApp, y su bandeja de entrada del correo electrónico. Para evitar contaminar tus pensamientos con las vidas de otras personas, desde primera hora de la mañana, deberías evitar estas actividades reactivas. Empieza la mañana concentrándote primero en ti. Esto te ayudará a concentrarte mejor en todo lo demás el resto del día.

Las personas con éxito, por ocupadas que estén, no empiezan el día con actividades reactivas. No se dedican a responder correos, ni responden a los mensajes nada más levantarse. Por el contrario, empiezan el día proactivamente, y tú también puedes hacerlo cambiando lo primero que haces al levantarte. Convierte en una rutina matinal abrir *El Diario de los 6 Minutos* y te garantizarás un billete en primera hacia el territorio proactivo. Al fin y al cabo, recoges lo que siembras, solo que en este caso incluso podrás cosechar los resultados el mismo día.

Las mujeres en Japón

Las mujeres japonesas son las de mayor esperanza de vida del mundo, concretamente, 87 años.[30] Seamos optimistas y supongamos que vivirás también al menos hasta los 87 años. Por lo tanto, tu vida de adulto (de los 18 a los 87 años) supera los 25.000 días.

¡Te levantas más de 25.000 veces en tu vida de adulto! ¿Cuántas de estas mañanas han pasado sin que te dieras cuenta? Piensa en el tremendo efecto que una rutina matinal significativa podía haber tenido en tu vida. Utiliza tu imaginación y visualiza este efecto por un momento.

Tener *El Diario de los 6 Minutos* en tus manos, ya supone un pilar fundamental de tu Rutina de la Mañana. Ábrelo y cada mañana te levantarás con el pie derecho. Parafraseando a san Agustín: a primera hora de la mañana debes estar al timón, pues es el momento en el que marcas el rumbo del día.

❶ Tu gratitud

La gratitud no es solo la mayor de las virtudes, sino la madre de todas las demás.

MARCO TULIO CICERÓN

Uno de los pocos temas en este planeta en el que están de acuerdo tanto ateos como creyentes de todas las religiones y científicos es en la inmensa importancia de la gratitud. La persona agradecida puede disfrutar plenamente de los sentimientos positivos y, a la larga, experimentar en menor grado los negativos, como la ira, la culpa, la tristeza profunda y la envidia. La persona agradecida se valora más a sí misma y está mejor preparada para manejar el estrés y las presiones de la vida cotidiana. La gratitud te ayuda a dormir mejor[31] y a vivir más[32]. Si eres agradecido, cooperas más y refuerzas tus relaciones con las otras personas. A la persona agradecida le resulta más fácil establecer y conservar relaciones personales satisfactorias.

Curiosamente, no es necesario que expreses tu gratitud con palabras para cosechar esos beneficios. Hay estudios (como el descrito a continuación del doctor Seligman) que demuestran que el mero hecho de escribir las cosas por las que estás agradecido tiene efectos sustanciales en tu bienestar. Tampoco importa el grado de agradecimiento que sientas, si es mucho o poco. Lo que es de suma importancia para el efecto que pueda tener en tu felicidad, es que te sientas agradecido regularmente. Hace falta práctica y esfuerzo para convertir esto en un hábito. Pero una vez establecido, y cuando la gratitud se ha convertido en tu actitud, se inicia el ciclo positivo de la gratitud, y, gradual pero inexorablemente, empezará a extender sus beneficios en tu vida. Basta con que uses este libro para practicar la habilidad más importante para la felicidad: la gratitud diaria.

Oprah Winfrey sobre su gratitud de todos los días

Oprah Winfrey es una de las mujeres más populares e influyentes del mundo, anfitriona de uno de los programas de entrevistas de mayor éxito de todos los tiempos de la televisión estadounidense, *El Show de Oprah Winfrey*. Desde 1996, todas las mañanas, al levantarse, escribe cinco cosas por las que se siente agradecida. En 2012, habló de su decisión de escribir un diario de gratitud: «Voy a tener que decir que creo que ha sido lo más importante que he hecho nunca». También hace hincapié sobre el significado de la gratitud en general: «No importa por lo que estés pasando en tu vida, creo que si te concentras en lo que tienes, siempre acabarás teniendo más [...]. Si te concentras en lo que no tienes, nunca jamás, tendrás suficiente».[33]

Más pruebas sobre los efectos positivos de *El Diario de los 6 Minutos*

La gratitud es la más sana de todas las emociones humanas. Cuanto más expresas tu gratitud por lo que tienes, más probable es que aumenten las razones para que puedas seguir expresándola.

ZIG ZIGLAR

El doctor Martin Seligman es el fundador de la psicología positiva. Hace décadas que los expertos reconocen su trabajo sobre cómo ensalzar la felicidad personal y nuestra satisfacción en la vida. En uno de sus estudios más conocidos, casi 600 voluntarios adoptaron una de cinco actividades diferentes, pensadas para ensalzar la felicidad. Las dos únicas actividades que triunfaron fueron:[34]

1. Escribir todas las cosas buenas que han sucedido en el transcurso del día. Esto equivale a lo que harás cada día, como parte de la Rutina de la Noche, en *El Diario de los 6 Minutos*.
2. Expresar gratitud en una carta de gratitud; esto es lo que harás de un modo ligeramente distinto, como parte de tu Rutina de la Mañana.

Los efectos del ejercicio de la gratitud, concretamente, fueron impactantes y se han reproducido en otros estudios desde entonces. Al cabo de una semana, los participantes eran mucho más felices que antes. Pero he aquí la sorpresa, los test de seguimiento realizados al cabo de una semana, un mes, tres meses y seis meses, demostraron que los participantes seguían siendo más felices que cuando hicieron el primer test. Una semana de práctica diaria les bastó a todos ellos para que, incluso seis meses después, se pudiera medir su estado de mayor felicidad. Si con solo una semana, el efecto a largo plazo es tan significativo, ya te puedes imaginar qué efecto tendrá practicar la gratitud todos los días durante un plazo de tiempo más largo. Si la gratitud pudiera consumirse en forma de pastilla, probablemente sería el medicamento más vendido de todos los tiempos. Pero hasta que se invente esa pastilla, este libro es un buen punto de partida.

“

No son las personas felices las que están agradecidas. Son las personas agradecidas las que son felices.

FRANCIS BACON

La gratitud hace que dirijamos la atención hacia las cosas buenas de la vida

Toda exaltación de júbilo incluye una parte de gratitud.

MARIE VON EBNER-ESCHENBACH

Integrar la gratitud en tu vida desencadena automáticamente una visión optimista de la misma, es decir, la gratitud y el optimismo saludable van de la mano. Cuanto más optimista seas, más motivos tendrás para dar gracias. Como dijo Platón hace 2.500 años: «Una mente agradecida es una gran mente que acaba atrayendo grandes cosas». ¿Con qué frecuencia piensas en los regalos diarios que te ofrece la vida? ¿Con qué frecuencia piensas en todas las pequeñas cosas que te suceden? ¿Con qué frecuencia te preocupan pequeñas cosas irrelevantes?

En nuestra frenética sociedad actual, estamos constantemente sometidos a la presión de tener que actuar y no solemos encontrar tiempo para la gratitud y el aprecio. La cola de la oficina de correos, las noticias nuevas de Facebook, la discusión con tu familia, tu interminable lista de tareas pendientes y las noticias sobre supuestos ataques terroristas, guerras o desastres naturales hacen que dirijas tu atención hacia lo negativo, en vez de hacía lo positivo. **Si no rediriges proactivamente tu atención hacia lo positivo, lo negativo seguirá invadiendo tu percepción**. La tendencia natural de tu software de supervivencia a dar demasiada importancia a lo negativo es cualquier cosa menos una ayuda.

Si siempre practicas la gratitud, estarás dirigiendo tu atención hacia las cosas que te hacen disfrutar y ser feliz. Sin embargo, eso no significa que tengas que bajar tus expectativas y estar satisfecho 24h/7días. Más bien lo que implica es que concentrarse en la gratitud acabará propiciando tu éxito, no a la inversa. La felicidad que deriva de la gratitud fomenta el éxito, no a la inversa.[35]

He fracasado una y otra vez en mi vida.
Y por eso he triunfado.

MICHAEL JORDAN

Asimismo, fracasar en alcanzar tus expectativas no significa que no puedas ser feliz. Todo lo contrario, la capacidad de caerte y levantarte (de no cumplir con tus propias expectativas), y de valorar la experiencia en sí misma, es un elemento fundamental de la realización personal. Una actitud que considera cada fracaso como algo temporal y como una llave para abrir la puerta a nuevas oportunidades es inherente a la gratitud y la felicidad. Sin fracaso no hay progreso, y el progreso es lo que promueve la felicidad. Esta es la razón por la que es tan importante aceptar los inevitables fracasos. En 1948, Dale Carnegie, uno de los escritores más exitosos de todos los tiempos, ya describió la diferencia entre el pensamiento positivo y el negativo, «El pensamiento positivo trabaja con las causas y los efectos, y conduce a una planificación lógica y constructiva; el pensamiento erróneo suele conducir a la tensión y a los ataques de nervios».[36] Cuando adoptas una visión positiva sobre tu propia vida, creas la base ideal para un desarrollo personal continuado. Las investigaciones han demostrado que las personas que tienen una dosis saludable de optimismo viven un 20% más, están más sanas físicamente, tienen más éxito en sus trabajos y sus relaciones son más satisfactorias.[37] Las personas que saben aplicar el concepto de gratitud, automáticamente dirigen su atención hacia las cosas positivas. Por consiguiente, le llevan una importantísima ventaja al 99% del mundo occidental de hoy en día. La gratitud no está anticuada, en todo caso, ¡es muy moderna!

Tony Robbins sobre su «Autopista hacia la felicidad»

El coach de la personalidad y del rendimiento más famoso del mundo, cuenta con clientes como Bill Clinton, Serena Williams y Andrea Agassi. Sigue vendiendo millones de libros y dando seminarios que están siempre llenos. Desde hace muchos años, todas las mañanas, dedica tres minutos y medio al día a escribir y a sentir tres razones por las que da gracias a la vida. «Las dos emociones que más nos perjudican son el miedo y la ira. Y no puedes estar agradecido y tener miedo a la vez, estas emociones no son compatibles», dice Robbins. Para él la gratitud es única, porque puede más que las emociones negativas. De ahí que a esta parte de su rutina diaria la llame «la autopista hacia la felicidad».[38]

Transmites tu gratitud a otros y los demás te la devuelven

La felicidad es un perfume que no puedes echar sobre los demás sin que tú también huelas.

RALPH WALDO EMERSON

El psicólogo Bernard Weiner define la gratitud como un proceso cognitivo de dos fases. Primero, experimentas un momento positivo y, luego, te das cuenta de que hay una fuente externa (Dios, la naturaleza u otra persona) que es la responsable del mismo. Por consiguiente, según Weiner, de alguna manera la gratitud siempre va dirigida hacia una fuente externa. Con frecuencia, la gratitud que manifestarás en *El Diario de los 6 Minutos* irá dirigida hacia otras personas, y este es el punto donde empieza la espiral mágica de la gratitud. A medida que vas asimilando tu gratitud de esta manera, tu conducta hacia esas personas empezará a reflejarlo. Aunque no seas consciente de ello, no solo serás espontáneamente, sino que parecerás, una persona más amable y genuina. Por esta razón, tus amigos y compañeros también serán más agradables contigo, y, eso a su vez te hará más feliz, las vibraciones positivas que irradiarás volverán a ti. Al reflexionar sobre tus buenas pequeñas acciones de todos los días (Rutina de la Noche), pones en marcha una espiral ascendente similar. Escribir en *El Diario de los 6 Minutos* equivale a iniciar un ciclo maravillosamente positivo que reforzará tus relaciones personales.

La gratitud: la cola que mantiene unidas a las personas

El doctor Philip C. Watkins escribió un libro titulado *Gratitude and the Good Life* [La gratitud y la buena vida]. Tras haber revisado multitud de estudios y análisis, ha llegado a la conclusión de que la gratitud es uno de los componentes más importantes para ser feliz en la vida. En lo que se refiere al entorno social y al significado de la gratitud en las relaciones personales, lo resume del siguiente modo:[39]

1. Ser agradecido te convierte en una persona más agradable y con la que apetece relacionarse.
2. La gratitud te ayuda a forjar y mantener relaciones de una forma muy especial.
3. La gratitud propicia una conducta prosocial en ti y en tu entorno.

¿Qué es una conducta prosocial? En general, incluye toda conducta orientada al bienestar de los demás, intencionada e inintencionadamente. Entre las formas de conducta prosocial se incluyen ayudar, cooperar, compartir, apoyar, alabar, pero también la educación, la compasión o la empatía por los demás. Así que cuando en tu Rutina de la Noche te preguntes qué has hecho por otras personas, estarás reflexionando sobre tu conducta prosocial.

La verdadera riqueza de una persona es la riqueza de sus verdaderas relaciones.

KARL MARX

Los seres humanos son sociables por naturaleza. Por esta razón no es de extrañar que los vínculos sociales y las relaciones sean tan importantes para estar satisfechos en la vida. Y como sucede con la mayoría de las cosas, es más importante la calidad que la cantidad. Concentrarnos en la calidad de nuestras relaciones conduce a tener relaciones más significativas y satisfactorias. El doctor Seligman y el doctor Diener llevaron a cabo varios estudios para descubrir qué era lo que diferenciaba a las personas especialmente felices (concretamente, ese 10% que está en la cumbre) del 90% restante. La característica más destacada fue su relación con su familia y amigos, con los que pasaban mucho tiempo regularmente. Una vez más, estos estudios demostraron que el factor crucial fue la percepción de la calidad y profundidad de esas relaciones interpersonales.[40] Saber valorar es una de las mejores herramientas para estrechar vínculos, y, probablemente, sea el sistema más eficaz para conservar las relaciones.

“

La felicidad es lo único que se multiplica cuando la compartes.

ALBERT SCHWEITZER

❷ Así es cómo voy a conseguir que hoy sea un gran día

Una pequeña anécdota trivial pero crucial

Un hombre conoce a tres trabajadores en una obra.
—¿Qué estás haciendo aquí? —le pregunta al primero.
—Estoy poniendo ladrillos —le responde.
—¿Qué estás haciendo aquí? —le pregunta al segundo.
—Estoy construyendo una pared —responde el segundo.
Por último, le hace la misma pregunta al tercero.
—Estoy construyendo una iglesia —le dice mirándole y sonriendo.

¿Qué nos quiere enseñar esta pequeña anécdota? Si quieres ser una persona de acción recuerda siempre tres cosas. En primer lugar, has de visualizar «la iglesia» para tener la actitud correcta respecto a tus metas. En segundo lugar, has de decidir qué paredes quieres construir. Esto significa que has de tener claras tus metas más pequeñas y tus prioridades. En tercer lugar, has de poner los ladrillos necesarios para construir la pared. Esto es justamente lo que haces en esta sección. Te concentras en las paredes y escribes qué ladrillos has de poner, qué pequeñas acciones has de realizar para conseguir lo que deseas. Al final, son estas pequeñas decisiones las que moldean tu vida.

De la anécdota al diario

Muy bien, todo tiene sentido, pero ¿cómo aplico exactamente todo esto en *El Diario de los 6 Minutos*? Para ayudarte a poner en práctica estas ideas sobre las paredes y los ladrillos, puedes usar estructuras como esta:

Haré (una pequeña acción/poner un ladrillo) porque quiero sentir ______.

1. Voy a dedicar diez minutos a seguir leyendo mi nuevo libro, porque estoy deseando saber qué pasa a continuación.
2. Hoy voy a comer tres frutas, porque quiero estar sano.
3. Voy a ir al gimnasio, porque quiero sentirme atractivo y equilibrado.
4. Esta noche iré a la fiesta, porque quiero socializar y divertirme.
5. Me sentaré con la espalda erguida durante la reunión, porque quiero sentirme seguro.

La parte del «porque» te obliga a prestar atención a lo que motiva las metas que te has propuesto. Te tomas esos segundos extra para asegurarte de que tus metas realmente se corresponden a tu personalidad y reflejan fielmente lo que deseas. Escribes qué ladrillos has de poner para construir tu(s) pared(es). Tus acciones tampoco tienen por qué ser de gran envergadura. Lo principal es que sean lo suficientemente pequeñas como para que puedas realizarlas. Si sigues ejecutando tus pequeñas acciones durante un largo periodo de tiempo, verás la «iglesia» terminada antes de lo que te imaginas.

Cómo tentar la suerte y crear tu propia suerte

La suerte solo favorece a la mente preparada.

LOUIS PASTEUR

Hay algunas cosas (como el buen tiempo, que te toque la lotería, el wifi de alta velocidad o los semáforos sincronizados) que no puedes controlar o planificar. Aunque el sol puede alegrarte el día, no puedes invocarlo. Por esta razón, en esta parte del diario no te preguntas QUÉ haría que mi día fuera mejor, sino CÓMO voy a hacer que sea mejor. Te concentras en acciones concretas que se encuentran en tu ámbito de influencia. Algunas cosas (como las buenas amistades o una cita con tu alma gemela) también son difíciles de controlar o planificar, pero sigue siendo infinitamente más fácil que controlar el tiempo o que te toque la lotería. Siempre puedes concentrarte en hacer pequeñas cosas que aumenten la probabilidad de conseguir grandes resultados accidentalmente. De este modo, inicias un ciclo de bellos acontecimientos, un ciclo virtuoso. Así es cómo puede funcionar:

1. Concéntrate más a menudo en sonreír → Habrá más personas a tu alrededor que te devolverán tu sonrisa → Habrá más personas que serán amables y atentas → Se crearán más amistades «por accidente».

   Por ejemplo, empieza a sonreírle a tu barista cuando te sirva el café por la mañana. Al principio, puede que te parezca raro, pero cuanto más lo practiques, más genuina será tu sonrisa y más natural te resultará sonreír.

2. Concéntrate en tu postura → Resultarás más atractivo ante los ojos del sexo opuesto, porque una buena postura es sexi[41] → Surgirán más oportunidades «fortuitas» para tener citas.

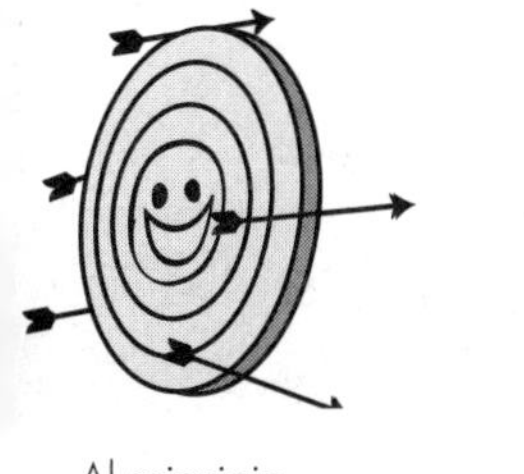

Al principio

Al cabo de un tiempo

Al cabo de más tiempo

Como puedes ver, PUEDES tentar la suerte. Aunque esto no es un proceso lineal, a la larga, lo esencial es que cuantos más pequeños actos orientados hacia tu meta realices, más probabilidades tendrás de que te sucedan cosas buenas «fortuitamente». El funcionamiento de esta reacción en cadena se basa en el efecto del interés compuesto, del que ya hemos hablado anteriormente (p. 35). El éxito suma éxito. Una vez has logrado pequeños éxitos, estos se multiplican automática y exponencialmente.

Una sencilla receta: una vez empieces a cocinar, la comida saldrá sabrosa de todos modos

El cerebro procesa más de 400 millones de bits de información por segundo, pero solo 2.000 quedan grabados en nuestra conciencia.[42] El 99,9995% de la información permanece oculta. El sistema de activación reticular (SAR) del cerebro selecciona únicamente las cosas que son importantes para ti. Al preguntarte a ti mismo cómo vas a conseguir que hoy sea un gran día, ya has dado un paso en firme hacia tu casa. Supongamos que escribes, «Voy a comer alimentos saludables, mucha fruta y verduras». La expectativa y la visualización de esta intención son procesadas en tu SAR: el filtro de tu realidad.[43] Tu percepción se centra automáticamente en todas las oportunidades que conectas con tu intención, eso significa que tu radar de búsqueda está sensibilizado para captar todos los objetivos que se encuentren en su radio de acción. En este caso, has calibrado tu radar hacia la alimentación sana, hacia las frutas y las verduras. Sencillamente, has capitalizado la capacidad de tu SAR para atraer más cosas buenas a tu vida.

¿No te lo crees? Pues bien, adelante, pruébalo. ¿Qué es lo último que has comprado y que has usado mucho? ¿Quizás unos zapatos? Desde que te los has comprado, ¿no has observado que hay muchas otras personas que llevan los mismos zapatos o parecidos? Compras cierto modelo de coche o lo compra algún conocido tuyo, y ves ese modelo de coche por todas partes. Te quedas embarazada y ves embarazadas dondequiera que vas. Empiezas a hacer ejercicio, y, de pronto, todas las personas que te rodean también hacen ejercicio. Veamos un ejemplo, todavía más obvio. Estás en un guateque y debido al barullo de voces solo percibes un ruido general. Sin embargo, en cuanto se menciona tu nombre en algún lugar, tus orejas se enderezan como las de Dumbo. Esta percepción selectiva es una función del SAR, pero lo mejor de todo es que la Rutina de la Mañana lo estimula para que identifiques más cosas que te hagan feliz. Al final, esto te ayudará a lograr tus metas diarias, porque un cerebro feliz es aproximadamente un 30% más productivo y creativo que un cerebro que se encuentra en un estado neutral o negativo.[44] Utilizar *El Diario de los 6 Minutos* por la mañana es una forma de poner un filtro para el día que tienes por delante que te ayudará a mejorar tu jornada. ¡Empieza a hacer que cada día sea un gran día!

❸ La afirmación positiva

Esta parte de la Rutina de la Mañana no es tan obvia como las otras. Puesto que el 95% de las decisiones que tomas las realizas en el subconsciente,[45] tus creencias y pensamientos subconscientes tienen una gran repercusión en tu realidad (véase p. 55). Con la ayuda de las afirmaciones positivas puedes hacer que los mecanismos del inconsciente sean los que lleven las riendas; es decir, dejar que eliminen los obstáculos subconscientes y que te ayuden a superar tus límites para crear la realidad que deseas. Los estudios del cerebro con tecnología de imagen, en los que se han examinado los mecanismos neuronales asociados a las afirmaciones, han demostrado la eficacia de esta técnica.[46] Las afirmaciones, usadas correctamente, son un método probado para preparar el cerebro y propiciar un cambio gradual desde dentro. Estas pueden aumentar el nivel de hormonas del bienestar y forzarle a activar las sendas neuronales del pensamiento positivo y optimista. Tu subconsciente es un adicto al trabajo incansable que no descansa ni de día ni de noche. **Utilizando sistemáticamente *El Diario de los 6 Minutos*, pones a trabajar a este subconsciente adicto al trabajo y sacas el mayor provecho posible de sus extraordinarias habilidades.** Puedes elegir entre dos enfoques distintos para tus afirmaciones diarias: el Enfoque del Martillo Neumático o el del colibrí. Elige el que más te guste y cíñete al mismo, por el momento.

Todo lo que planificamos en nuestro subconsciente y alimentamos con la repetición y la emoción se hace realidad algún día.

EARL NIGHTINGALE

1. El Enfoque del Martillo Neumático: elige una afirmación positiva que realmente desees integrar en tu vida y escríbela todos los días. Cuanto más a menudo lo hagas, más asimilarás la creencia que esta conlleva. Prácticamente, estás «machacando» la afirmación positiva en tu subconsciente, hasta que experimentas conscientemente sus beneficios y la integras en tu vida. Por ejemplo: «Me amo a mí mismo y esa es la razón por la que trabajo en algo que realmente me llena» o «Confío en mi brújula interior y estoy convencido de que me guiará en la dirección correcta». También puedes ser más específico: «Gano 3.000 euros al mes», «Cada día adelgazo hasta llegar a mi peso ideal de 66 kilos» o «Respeto y valoro a mi pareja y tenemos una relación amorosa apasionada».

“

Tanto si crees que puedes como si crees que no puedes, tienes razón.

HENRY FORD

El Enfoque del Martillo Neumático de Jim Carrey

Jim Carrey llegó a hacerse un cheque de 10 millones de dólares por «servicios de interpretación», con fecha para diez años más tarde, que llevó durante todo ese tiempo en la cartera. También escribía todos los días: «Todo el mundo quiere trabajar conmigo. Realmente, soy un buen actor. Tengo toda clase de grandes ofertas para hacer películas». En aquellos momentos, Carrey estaba sin trabajo y nunca había ganado ni un centavo con sus actuaciones. Miraba con frecuencia su cheque y se lo guardaba en la cartera, hasta que años después, realmente ganó esa cantidad por su trabajo como actor. Este no es, ni mucho menos, un caso único. Este método ha demostrado ser muy eficaz para muchos otros famosos, como Muhammad Ali, Bruce Lee, Napoleon Hill, Arnold Schwarzenegger, Oprah Winfrey, Tim Ferriss, Louise Hay, Tony Robbins, Lady Gaga, Tiger Woods y Will Smith.

2. **El enfoque del colibrí:** aquí tu afirmación dependerá de tu estado de ánimo actual o de tus planes del día. Esto significa que cada vez vuelves a definir cómo será tu jornada. Por ejemplo, si tienes que hacer una presentación puedes escribir: «Soy competente y elocuente, y se lo voy a demostrar a mi audiencia dando una gran charla». Si estás trabajando en un nuevo proyecto, puedes escribir: «Todos los problemas que surgen en mi trabajo son una oportunidad disfrazada».

Nuestro subconsciente no habla a través de las palabras, sino de las emociones. Por esta razón, el indicador de la calidad de tu afirmación es lo que sientes mientras la escribes. Hazte las preguntas correctas para descubrir si realmente sientes lo que estás escribiendo:

a) ¿Te sientes peor? Tu subconsciente, probablemente, no se cree tu afirmación. Puede que te hayas propuesto hacer más de lo que realmente puedes alcanzar.
b) ¿Te crees lo que acabas de escribir? ¿Te sientes mejor y más motivado? Si es así, vas por buen camino. Te has adentrado en el ámbito de tu potencial de crecimiento.
c) ¿Te sientes neutral? Entonces, lo más seguro es que no hayas pensado suficientemente a lo grande.

Aquí tienes un ejemplo del Enfoque del Martillo Neumático. A Sofía siempre le ha gustado diseñar y crear cosas. Tiene 35 años y hace dos años que trabaja en una empresa emergente que vende zapatos hechos con materiales respetuosos con el medioambiente y que se caracterizan por sus innovadores diseños. Sofía es una de las diez empleadas que trabajan en el departamento de diseño, y, a finales de año, una de ellas será ascendida a supervisora del mismo. A continuación tienes algunas afirmaciones diarias para Sofía, que realmente aspira a ese puesto:

a) «Este año ascenderé a directora general, porque me encanta mi trabajo y estoy totalmente convencida de mis habilidades» (emoticono superior).

b) «Estoy dispuesta a ser la supervisora del departamento de diseño este año, estoy completamente capacitada para este trabajo y me siento realizada diseñando zapatos increíbles.»

c) «Estoy satisfecha vendiendo zapatos bonitos y respetuosos con el medioambiente y veré cómo evolucionan las cosas.»

Es importante que tu afirmación sea positiva. Supongamos que escribes: «No voy a comer más chocolate». ¿Qué hace tu cerebro con esa frase? Empieza a pensar en el chocolate, porque no entiende de negaciones. También está el ejemplo clásico de que «Pase lo que pase, ¡no pienses en un elefante rosa!» ¿Y bien? ¿Cómo era el elefante que acabas de visualizar? Probablemente, bastante rosa, ¿verdad? Aquí las frases negativas o las negaciones están fuera de lugar, porque tu subconsciente no puede registrarlas.[47] Es igualmente importante expresar tu afirmación de la manera más específica y personal posible. Afirmaciones generales como «Me amo a mí mismo» o «Me siento seguro de mí mismo» no son tan eficaces como las frases que hacen alusión a tu vida personal, por ejemplo: «Soy una persona emocionalmente estable y conservo la calma incluso en situaciones de estrés». Te recomiendo que empieces con tus afirmaciones diarias con una parte activa como «Soy», «Controlo» o «Tengo», puesto que si empiezas las frases de este modo, tu subconsciente podrá procesar tus metas directamente.

La
Rutina de la Noche

. . . así es como reflexionas y recargas baterías para el día siguiente.

No hay nada como dormir bien por la noche. ¿Conoces la sensación de sentirte totalmente renovado y rejuvenecido cuando te levantas por la mañana? Si sigues la Rutina de la Noche, esa sensación será la norma, en lugar de ser la excepción. Cuando llegues a los 60, habrás pasado unos 20 años de tu vida durmiendo. No es necesario decir que hemos de concederle al sueño la atención que se merece. Cuando te acuestas por la noche, no deberías hacerlo entre diálogos internos negativos o pensamientos desagradables. La Rutina de la Noche tiene como finalidad que tus pensamientos giren en torno a cómo vas a mejorar y qué es lo que te ha ido bien, es recomendable hacer esto en los últimos minutos del día. Al recordar tus pequeños éxitos, te garantizas quedarte dormido en un estado de relajación y descansar bien por la noche. *El Diario de los 6 Minutos* es la llave que te abre el día por la mañana y lo cierra por la noche.

¿Qué haces normalmente antes de acostarte? Según un estudio sobre la conducta del consumidor en el que participaron 49.000 personas, de 30 países distintos, que tenían teléfonos móviles el 62% miraban sus teléfonos móviles en los cinco minutos antes de acostarse.[48] Lo más probable es que tú también te encuentres entre los que usan algún tipo de dispositivo electrónico, ya sea el ordenador portátil, la tablet, el Smartphone o la televisión. Hay muchos estudios que demuestran lo malo que es eso, puesto que, a la larga, tanto la calidad como la cantidad de horas de sueño se verá reducida drásticamente.[49] La luz de los dispositivos electrónicos produce un fallo en el cerebro que favorece el estado de vigilia. Incluso aunque tengas el Smartphone a un nivel de brillo bajo, este emite suficiente luz como para evitar que el cerebro libere melatonina, la hormona que indica a tu cuerpo que es de noche.[50] ***El Diario de los 6 Minutos* no es un dispositivo electrónico. Por consiguiente, supone un primer paso para que disfrutes de una noche de sueño óptima y que goces de mejor salud.**

“

Si no respetas la noche, no eres digno del día.

PROVERBIO ITALIANO

❹ Mi buena acción del día

Solo es feliz el que puede dar.

JOHANN WOLFGANG VON GOETHE

Ayudar a los demás tiene un efecto duradero en tu felicidad

Según consta en la biografía de Benjamin Franklin, de 1793, este se planteaba dos preguntas todos los días. Por la mañana se preguntaba, «¿Qué buena obra haré hoy?», y al final del día, «¿Qué buena obra he hecho hoy?» Esta sección tiene una finalidad parecida, porque trata de reforzar nuestra intención de ayudar y hacer el bien a los demás, a la vez que nos responsabilizamos de nuestras acciones diarias. Las personas a las que les gusta ayudar a los demás y muestran una tendencia hacia la conducta prosocial se consideran a sí mismas más felices que las que no tienen esa tendencia.[51] Luego, ¿qué felicidad nos aporta hacer algo bueno por los demás? Unos científicos estadounidenses realizaron un experimento para averiguarlo. Los participantes recibieron 100 dólares cada uno y podían utilizarlos para fines personales o donarlos a alguna asociación benéfica. Se hicieron escáneres cerebrales durante el experimento. Observaron que la zona responsable de la felicidad y el placer estaba más activa en el grupo de los donantes que en el de los que habían usado el dinero para fines personales.[52] Esa misma área es la encargada de liberar dopamina, por ejemplo, en la conducta con fines reproductivos o como cuando dejas que un trozo de chocolate se deshaga en tu boca. Otros estudios han revelado que la sensación de placer desencadenada por el acto de dar es muy distinta a la que se experimenta con el sexo o con ciertos alimentos deliciosos. Los efectos positivos que tiene dar sobre nuestro bienestar pueden durar todo el día o incluso más, mientras que con los anteriores, desaparecen mucho más rápido.[53]

Las grandes acciones no son las que revelan el carácter. Son las pequeñas cosas las que revelan la naturaleza de un hombre.

JEAN-JACQUES ROUSSEAU

Por supuesto, no todos los días donas dinero, así que esa también es una de las razones, por las que has de prestar atención a los pequeños actos de amabilidad durante el día. El favor que le hiciste a tu compañero de trabajo. El regalito que le has hecho a tu amiga. Lavar los platos de tu compañero de piso cuando lavas los tuyos. Ayudar a tu madre con una aplicación. Preguntar a tus abuelos cómo se encuentran. Hablar con alguien que parece que se siente solo. Decirle a tu pareja que la quieres. Expresa tu gratitud a tus amigos, familia y compañeros. Elogia al cocinero cuando te sirvan una comida. Ábrele la puerta a alguien. Escucha comprensivamente a alguien. Sonríe y dile «Buenos días» a tu vecino o dedícale una sonrisa genuina a la cajera del supermercado.

❺ ¿Cómo voy a mejorar?

El éxito no es la llave de la felicidad.
La felicidad es la llave del éxito.

ALBERT SCHWEITZER

Puesto que tienes este libro en tus manos, es fácil suponer que quieres aprender, crecer y evolucionar. La mejora continua es como limpiar tu casa. En cuanto dejas de limpiar, se vuelve a hacer polvo y siempre estás limpiando. Esta sección trata de saber apreciar este viaje continuo, en lugar de pensar solo en el destino. Si lo único que te hiciera feliz fuera alcanzar grandes metas, la felicidad sería una emoción muy excepcional. Está bien tener un destino hacia el que dirigirte, pero, al final, es el viaje lo que cuenta. Es decir, no es el resultado final lo que nos caracteriza, sino el proceso. Se trata de recordar que el único responsable de tu mañana eres tú y de darte cuenta de que, aunque nunca seas perfecto, siempre puedes esforzarte por mejorar. Y si descubres que acabas de tener un día increíble, en el que todo ha ido de maravilla, simplemente dibuja un *smiley* en este campo.

La finalidad de esta pregunta es identificar problemas persistentes y oportunidades para mejorar, a fin de poder realizar acciones concretas para abordarlos. No des un bocado más grande de lo que puedas masticar. A la larga, las metas pequeñas conducen a grandes resultados. Por consiguiente, procura que las acciones intencionadas que escribas aquí sean pequeñas y viables, aunque sean irrisoriamente pequeñas. En esta sección las palabras han sido cuidadosamente seleccionadas. Son para obligarte a pensar cómo hacer mejor las cosas, para provocar una respuesta positiva y que puedas hacer un seguimiento de la misma, en lugar de concentrarte en lo negativo. Te reaseguras de que la próxima vez lo harás mejor, en lugar de sentirte siempre culpable por lo que ha salido mal. Lánzate de lleno al cambio, porque si no cambia nada ahora, nada cambiará en el futuro.

NO te compares con LOS DEMÁS. Compárate con la persona que eras ayer

En algunos casos, compararte con otras personas puede ser una buena fuente de motivación. No obstante, en la mayoría de los casos, los inconvenientes de esta fuente de motivación superan las ventajas. Hace 20 años, el lema habría sido «no voy ser menos que los demás», que mis vecinos y compañeros. Hoy en día, gracias a Internet, y, especialmente, a los medios sociales, se nos invita a que nos comparemos con un mayor número de personas. Esta semana, se han casado un par más de tus «amigos» y todo el mundo parece estar de vacaciones en los lugares más hermosos de la tierra. Luego está este otro amigo que acaba de desarrollar una aplicación innovadora. Resumiendo, ¡todos son superfelices! Aunque es evidente que todos confeccionan y retocan ese fragmento de su vida para hacerlo público, seguimos cayendo en la misma trampa: comparar nuestra realidad privada con los acontecimientos públicos de la vida de otras personas. **Comparamos nuestras interioridades con la vida pública de otros.**

Todo el mundo ve lo que aparentas ser,
pocos experimentan lo que realmente eres.
NICOLÁS MAQUIAVELO

Debido a esta comparación constante, nos cuesta distinguir entre la conducta que básicamente es de motivación propia y la que se debe a la influencia de los demás. ¿Quiero subir la escalera porque eso será un motivo de realización personal o porque creo que he de hacerlo para ser digno de algo? ¿Quiero ir al gimnasio porque verdaderamente me gusta o solo porque van todos mis amigos? La comparación constante merma tu autoestima. A consecuencia de ello, aumenta tu tendencia a la depresión[54] y experimentas muchos otros efectos negativos, que probablemente ya habrás padecido de un modo u otro. Los medios sociales han conseguido elevar el nivel de la comparación de tal modo, que actualmente es más importante que nunca que seamos conscientes de las desventajas que tiene compararnos con otras personas, y hemos de hacer todo lo posible por minimizarlas. Ya sé que es difícil, sobre todo cuando puedes ver la vida de la gente en Internet. Elegir cuándo quieres sumergirte en ese caudal de información es un buen punto de partida. Date una oportunidad, reduce tu consumo de medios sociales y de tiempo que dedicas a los medios digitales durante una semana. Observa cómo te sientes y saca tus propias conclusiones.

No te compares con los demás. Compárate con LA PERSONA QUE ERAS AYER

Cuando utilizas *El Diario de los 6 Minutos* estás dando un gran paso en esa dirección. El diario no es únicamente un bonito recuerdo para dentro de unos meses o años, sino también un hermoso recordatorio de dónde estabas ayer o la semana pasada, y, por consiguiente, un fantástico punto de partida para compararte contigo mismo a corto plazo. La pregunta que te haces cada noche sobre cómo pretendes mejorar te ayuda a controlar y a entender tu desarrollo, mientras que releer lo que has escrito en el diario te permite detectar fácilmente tendencias y patrones. Cuantas más veces escribas las mismas oportunidades para mejorar, más consciente deberías ser de estos aspectos. Por ejemplo, si siempre escribes «Hoy voy a hacer ejercicio», sin especificar un plan de acción, tienes que cambiar de táctica. Podrías expresar tu plan de un modo distinto y escribir: «Me voy a planificar el día conscientemente, para tener una hora libre y hacer ejercicio». Esto también puedes aplicarlo a tu ejercicio de gratitud diaria. Si te das cuenta de que no le has dado las gracias a tu pareja desde hace semanas, acabas de obtener una valiosa pista, que de lo contrario puede que hubieras tardado meses o años en advertir.

6 Grandes cosas que he experimentado hoy

Una actitud mental positiva puede alargarte significativamente la vida

La correlación entre la actitud positiva de una persona y su esperanza de vida pocas veces se ha demostrado con mayor claridad que con el denominado «Estudio de las monjas». En este estudio a largo plazo, que duró 70 años, participaron 180 monjas. Las monjas, para ser aceptadas en el convento, tenían que escribir una breve autobiografía, de dos o tres páginas, sobre su vida y lo que esperaban para el futuro. Cuando escribieron estos documentos, en las décadas de 1930 y 1940, estas tenían un promedio de 22 años de edad. En las 180 biografías, se examinó la cantidad de palabras y frases negativas, neutrales y positivas. Luego, se agrupó a las monjas de acuerdo con la frecuencia de la aparición de estas palabras, lo que concluyó con la formación de cuatro grupos de 45 mujeres cada uno. Los resultados fueron asombrosos:[55]

1. Las 45 monjas más felices vivieron un promedio de 10 años más (¡!) que las 45 más infelices.
2. A los 85 años, más del 90% (¡!) de las monjas más felices todavía estaban vivas.
3. El 54% de las monjas más felices vivió al menos hasta los 94 años, mientras que entre las del grupo de las infelices solo el 15% alcanzó esa edad.

¿Por qué son tan importantes esas observaciones? Las condiciones de este experimento científico no tienen precio, puesto que las monjas vivieron, o todavía viven, en circunstancias prácticamente idénticas: no beben alcohol, no fuman, no tienen relaciones sexuales, no están casadas, no tienen hijos, viven en el mismo lugar, hacen más o menos el mismo trabajo y comen lo mismo. Por una parte, el estudio demuestra que la felicidad poco tiene que ver con lo que nos sucede en la vida, pero mucho con la forma en que elegimos ver las cosas. Por otra parte, el estudio destaca la importancia de valorar lo que ya tienes en la vida, de apreciar lo que te ofrece cada día en cada momento. Tal como hemos destacado al principio de este diario: **Tómate tu tiempo para celebrar los pequeños momentos de felicidad en tu vida. Aprende a apreciar y a valorar los pequeños éxitos del día. Si haces que la felicidad sea tu prioridad, la longevidad puede ser un efecto secundario muy bien recibido.**

“

Un 10% de la vida es lo que te sucede y el 90% restante es la forma en que reaccionas a ello.

CHARLES SWINDOLL

Un buen comienzo es bastante inteligente

No podemos cambiar el viento.
Pero podemos ajustar las velas.
ARISTÓTELES

¿Qué suele ser lo primero que le dices a tus amigos, pareja o compañero de habitación cuando les ves? Cuando vuelves del trabajo, puede que sientas la necesidad de descargar toda la energía negativa que has acumulado. Puede que hables de lo agotadora y estresante que ha sido la jornada, de lo que te ha molestado o lo que ha ido mal. Pero, al final, lo único que obtienes es una respuesta similar a tu queja: «Ah, mi jefe nunca me felicita, ni me da las gracias, ni entiende que solo tengo dos manos, y, luego, me llamó mi madre y se dedicó a regañarme...» La mejor forma de invertir radicalmente este tedioso patrón es hablar de lo mejor que te ha pasado durante el día. Aunque al principio te resulte extraño, inicia la conversación hablando solo de los mejores momentos del día, por pequeños o insignificantes que te puedan parecer. Siempre. Habla de lo que has aprendido, de lo que estás orgulloso, de un postre delicioso que te has comido, de un momento divertido o de ese autobús que no has perdido gracias a que ha llegado tres minutos tarde. Esto os conduce a ambos, a tu compañero de conversación y a ti, a una actitud positiva, y te preparará para que puedas percibir las cosas maravillosas (grandes y pequeñas) que te suceden todos los días. Imagina qué maravilloso sería que tu pareja y tus amigos hicieran lo mismo. Hablar de los problemas e inconvenientes del día, a veces, puede suponer un alivio y ayudarnos a resolverlos, pero la forma en que inicias una conversación suele marcar el tono del resto de la misma. ¡Esta pequeña indicación puede convertirse en un conector perfecto para cualquier tipo de relación! ¿Qué puedes perder si primero intentas concentrarte en lo bueno, por poco que sea?

Crea tu propia reserva de buen estado de ánimo

A veces, no es fácil encontrar una motivación y afrontar los retos de la vida. Hay momentos en que la vida te deprime y, simplemente, no te encuentras bien. Esos son los momentos en los que necesitas pequeños impulsos motivacionales que te ayudan a concentrarte en lo esencial y en las cosas buenas. Los más fáciles de olvidar suelen ser los pequeños logros. Reflexiona sobre ello un momento: ¿Puedes recordar las tres mejores cosas que te pasaron la semana pasada? Es muy probable que no, a menos que hagas un seguimiento de las mismas. Por suerte, en esta última parte de la Rutina de la Noche, anotas los buenos momentos. Todos los días apuntas lo que te ha hecho feliz y así escribes tu propia historia de felicidad. Utiliza estas anotaciones como si fueran tus galletas de la suerte caseras. Vuelve a leer lo que escribiste cuando te sentías bien y tu estado de ánimo mejorará automáticamente. Sin darte cuenta, habrás ido acumulando una reserva de buena onda sin fecha de caducidad, que podrás ir utilizando siempre que la necesites. **El mejor manantial del que puedes beber eres Tú.**

6 Consejos

. . . a los que ceñirte y con los que podrás sacar el máximo provecho del diario.

Consejo 1: Guarda el diario siempre en el mismo sitio

Si quieres usar *El Diario de los 6 Minutos* sistemáticamente, una de las decisiones más importantes que deberás tomar es dónde quieres guardarlo y qué bolígrafo vas a usar. Puede parecer una tontería, pero es muy importante. Idealmente, deberías encontrar un lugar donde puedas ver el diario al levantarte y al acostarte por la noche. A la mayoría de las personas les va bien tener el diario al alcance de la mano cuando están en la cama; por ejemplo, en la mesilla de noche. A otras, sin embargo, les va mejor guardarlo cerca del cepillo de dientes, del bolso o de la mochila. Según mi propia experiencia y los comentarios de los lectores alemanes, también recomiendo que combines el diario con algún ritual arraigado, como tomarte el café o el té de la mañana. Descubre qué es lo mejor para ti. Pero te recomiendo que hagas pruebas hasta descubrir el lugar perfecto, te sorprenderá lo eficaz que es este pequeño consejo.

Consejo 2: Detalla. Siente lo que escribes

Puesto que la estructura de las anotaciones del diario no varía de un día a otro, es probable que estas sean repetitivas. En principio, esto no es malo. En algunos casos (por ejemplo, el Enfoque del Martillo Neumático que has leído en el capítulo sobre las afirmaciones positivas) puede ser muy útil. Sin embargo, en otros no es práctico repetirte las cosas tan a menudo. ¿Qué puedes hacer para evitar escribir lo mismo una y otra vez? La solución es muy sencilla: detalla. Y lo más importante, ¡disfrútalo!

Es más importante lo que sientes al escribir que el contenido. Pensar en las cosas por las que normalmente estás agradecido no lleva mucho tiempo, pero sentir la emoción que habitualmente asocias a las mismas, requiere algunos segundos más. El neuropsicólogo Rick Hanson descubrió que hemos de retener las experiencias positivas en nuestra conciencia durante unos diez segundos o más para que estas pasen de la memoria a corto plazo a la de largo plazo, mientras que las experiencias negativas pasan inmediatamente a la memoria a largo plazo.[56] **Esta es la razón por la que dedicar esos segundos de más te ayudará a convertir un estado mental pasajero en una estructura neuronal duradera.** Así que tómate tu tiempo y espera a sentir la emoción (la alegría, el gozo, la estupefacción...) antes de ponerte a escribir. ¡Esto puede marcar la gran diferencia!

Piensa en una novela que te fascine. Los buenos escritores no suelen describir eventos de una manera general, sino con detalle. No se limitan a escribir, «Ella le vio», sino algo más parecido a esto: «Cuando sus ojos se encontraron, un escalofrío le recorrió la espalda, y aunque sus labios no llegaron a rozarse, parecía como si ella le estuviera besando con su aliento». Este ejemplo es un poco exagerado, por supuesto, pero sirve para ilustrar que la emoción se encuentra en los detalles, cuanto más detallista seas al describir algo, más fácil te resultará sentir esas emociones.

Si en la totalidad quieres disfrutar,
en lo pequeño la has de buscar.

JOHANN WOLFGANG VON GOETHE

Quizás ayer escribiste, «Estoy agradecido por tener a Rita a mi lado». Entonces, hoy puedes escribir, «Doy gracias porque Rita siempre conoce a gente nueva y me la presenta» o «Doy gracias porque Rita siempre me dedica una sonrisa especial cuando visitamos a otras personas». Esto también se puede aplicar a otras secciones del diario, especialmente a la de las grandes cosas que has experimentado durante el día. ¿Qué haces cuando tu día ha sido de todo menos bueno? Pues bien, la solución se encuentra de nuevo en los detalles. Incluso cuando todo parece ir mal, puedes concentrarte en cosas muy pequeñas, en los destellos de luz en un día oscuro. Proyecta tu día en tu pantalla mental, desde que te has levantado por la mañana, y contémplalo con la actitud de que las cosas podían haber ido mucho peor. Así pensarás en cosas como, «Mi canción favorita de Coldplay sonaba en la radio» o «Al cancelarse la reunión he tenido más tiempo para prepararme la presentación». Incluso detalles como, «Los aguacates estaban hoy de oferta» o «El pollo que he comido estaba delicioso», es decir, cosas pequeñas, pero poderosas. No importa si es un buen o un mal día, siempre es bueno ser más consciente de los pequeños detalles.

Escribir en el diario y rellenar las partes en blanco ha de ser divertido, dale rienda suelta a tus emociones. Cuanto más ahondes en ti mismo, más intensos y duraderos serán los resultados. Cuanto más practiques, más fácil y rápido será este proceso para Ti.

“

La magia se encuentra en los detalles.

THEODOR FONTANE

Consejo 3: Adelántate al juego y prepárate AHORA para después

Dedicar tres minutos por la mañana y tres minutos por la noche reduce drásticamente el peligro de saltarte esta práctica de escribir. No obstante, sigue existiendo un elemento de riesgo, que puede hacer que tu diario acabe siendo un objeto puramente decorativo en una estantería.

Dedica ahora unos minutos para eliminar también este pequeño riesgo.

¿Qué podría impedir que uses tu diario cada mañana y cada noche?

1. ______________________________
____

2. ______________________________
____

3. ______________________________
____

Ahora escribe acciones concretas que te permitan superar precisamente esos obstáculos:

1. ______________________________
____

2. ______________________________
____

3. ______________________________
____

Puesto que el 70% de nuestros receptores sensoriales están en nuestros ojos y la mitad de nuestra capacidad cerebral participa del procesamiento visual,[57] un recordatorio visual puede ser muy útil. Puedes usar el Rastreador de Hábitos Mensual o tachar el día en el calendario, cuando hayas cumplimentado tu Rutina de la Mañana y de la Noche. También hay muchas aplicaciones que te pueden ayudar usándolas diariamente: *Habit List* o *Strides* pueden ser útiles si tienes un iPhone, mientras que para Android son mejores *Habit Bull* o *Loop Habit Tracker*.

Consejo 4: La estructura no está grabada en piedra

El fútbol tiene una serie de normas fijas, a las que oficialmente nos referimos como «reglas del juego». Sin embargo, dentro de ese conjunto claro de normas, cada jugador tiene su propia forma de jugar. Lo mismo sucede con el campo de juego de *El Diario de los 6 Minutos*, has de escribir tus propias normas y aportar variedad al diario. Por ejemplo, puedes planificar escribir, cada día, durante una semana, tres cosas totalmente nuevas por las que te sientas agradecido. Por consiguiente, no puedes repetir ninguna de las anotaciones durante esa semana. Este tipo de ejercicio te ayuda a condicionar tu percepción (tu SAR, p. 52), de tal manera que siempre estarás filtrando los buenos aspectos de cualquier situación nueva, y podrás ver las oportunidades y posibilidades que encierra para ti. **Al pensar en tres cosas totalmente nuevas por las que te sientas agradecido, al final de la semana tendrás un montón de razones únicas para ser feliz.**

El motivo para que, al levantarte, escribas tres razones, por las que te sientes agradecido, no es para que hagas apresuradamente una lista de la gratitud, como si fuera la de la compra. Si abordas diariamente tu gratitud de este modo, pronto se puede volver automática, con lo cual conseguirás que esta se procese en tu cabeza, en lugar de procesarse en tu corazón. En el consejo 2, he explicado que has de sentir lo que escribes. Puesto que los escritos detallados son ideales para lograr la conexión emocional, unos días necesitaremos más espacio para escribirlo todo. En ese caso, basta con que taches los números del 1 al 3 y uses el espacio para escribir más. Por supuesto, puedes hacer lo mismo con el resto de los espacios en las otras secciones del diario. Lo que importa es que te sientas conectado emocionalmente con lo que escribes. Con el tiempo, descubrirás tu propio ritmo, que te va a resultar natural y será intuitivamente correcto para ti.

Consejo 5: El trabajo en equipo hace que los sueños funcionen

Busca un cómplice para el delito. Ben tiene a Jerry, Batman a Robin, Bert a Ernie y Bonnie tenía a Clyde. Sube a alguien a bordo que tenga la misma meta u otra parecida, alguien que valore tanto *El Diario de los 6 Minutos* como lo valorarás tú. Una alianza entre dos personas que tienen la mirada puesta en la misma meta es muy útil y puede animarte mucho. Comparad vuestras experiencias, rendios cuentas, ayudaos y motivaos mutuamente.

Pero, aunque empieces solo, tus amigos y tu familia pueden ayudarte. Basta con que todos los días algunas personas sepan cuál es tu proyecto de *El Diario de los 6 Minutos*. De este modo, te responsabilizas y te creas un poco de presión, que puede ayudarte a que hagas lo que te has propuesto.[58] Al fin y al cabo, querrás comunicar a los demás que estás alcanzando lo que habías anunciado, que realmente haces lo que dices. Además, puedes convertirte en una fuente de inspiración para que otras personas se animen a perseguir sus metas.

Consejo 6: Crea categorías

Como eres humano, probablemente, llegará un momento en que ya no usarás el diario todos los días. Si no te pasa, ¡fantástico! Pero si te pasa, no adoptes una actitud radical de todo o nada, porque lo único que conseguirás es no progresar y sentir remordimientos. En vez de sentirte mal al respecto, permítete hacer menos; por ejemplo, haz tu sección favorita o reduce el número de anotaciones por sección. Lo mejor de todo es que cuando eres capaz de realizar esa pequeña acción, esta te sirve para tomar impulso, lo cual te reconducirá fácilmente a tu habitual ritmo de los 6 Minutos.

Póntelo tan fácil que no puedas decir no.

LEO BAUBAUTA

Aunque uses el diario todos los días y tengas las mejores intenciones de estar siempre implicado emocionalmente con lo que escribes, cabe la posibilidad de que en algún momento padezcas el bloqueo del escritor. Cuando te pase esto, bien puedes tomarte un poco más de tiempo para sentir lo que escribes, o bien (puesto que probablemente no tienes todo el tiempo del mundo) puedes probar algo que te cueste menos hacer. En lugar de escribir espontáneamente las cosas por las que te sientes agradecido, puedes dirigir tu gratitud hacia ciertas áreas de tu vida. Basta con que hagas tus propias categorías, por ejemplo:

1. Tu salud: ejercicio, digestión, nutrición, respiración, espiritualidad, sueño...
2. Relaciones personales: familia, amigos, parejas, padres, compañeros de trabajo, clientes, perros, gatos...
3. Acontecimientos: algo importante que pasó la semana pasada, el mes, el semestre o el año pasado/algo estupendo que (esperas) pase la semana siguiente, mes...
4. Naturaleza: gorjeo de los pájaros, nubes bonitas, capullos en flor, un atardecer rojizo-dorado, el olor del césped recién cortado, los rayos de sol sobre tu piel...
5. Las cosas sencillas de la vida: ver reír a personas que no conoces, tu nueva lista de canciones, el delicado tacto de una persona amable, la risa de un bebé, el tacto agradable de tu suéter favorito...

Un día, dedícate más a tu familia o presta más atención a tus amigos durante una semana. También puedes pensar en alguna antigua relación en tu vida que valores mucho. Déjate llevar por tu creatividad. No hay una receta única. Adapta este diario a tus necesidades y deseos, quizás hasta puedes convertirlo en tu propio diario personal de «El Diario de los 6 Minutos de la Salud» o «El Diario de los 6 Minutos de la Relación», durante una semana. Como de costumbre, de lo que se trata es de encontrar el estilo que mejor se adapte a ti y a tus circunstancias actuales. Todos los caminos conducen a Roma; del mismo modo, hay muchos caminos que nos ayudan a gozar de una vida más feliz y plena.

“

Puede que la acción no siempre nos dé la felicidad, pero no hay felicidad sin acción.

WILLIAM JAMES

El Diario

... basta ya de palabrería, ahora te toca a ti. ¡Ha llegado el momento de pasar a la acción!

Antes de empezar califica las siguiente áreas de tu vida (1 = lo peor posible/10 = lo mejor posible). Luego, dibuja una flecha cerca de la línea para comprobar si esta área mejora o empeora. Esta evaluación la harás cada 4 semanas.

Ejemplo:

Gratitud:	1	2	3	4	5	6	(7)	8	9	10	←

LA REVISIÓN MENSUAL

Estado de ánimo general:	1	2	3	4	5	6	7	8	9	10
Gratitud:	1	2	3	4	5	6	7	8	9	10
Ser consciente:	1	2	3	4	5	6	7	8	9	10
Familia:	1	2	3	4	5	6	7	8	9	10
Amigos:	1	2	3	4	5	6	7	8	9	10
Asociaciones:	1	2	3	4	5	6	7	8	9	10
Diversión:	1	2	3	4	5	6	7	8	9	10
Calma y serenidad:	1	2	3	4	5	6	7	8	9	10
Tiempo para ti:	1	2	3	4	5	6	7	8	9	10
Comer sano:	1	2	3	4	5	6	7	8	9	10
Beber agua:	1	2	3	4	5	6	7	8	9	10
Ejercicio y movimiento:	1	2	3	4	5	6	7	8	9	10
Salir:	1	2	3	4	5	6	7	8	9	10
Salud:	1	2	3	4	5	6	7	8	9	10
Creatividad:	1	2	3	4	5	6	7	8	9	10
Finanzas:	1	2	3	4	5	6	7	8	9	10
Trabajo y educación:	1	2	3	4	5	6	7	8	9	10
Pensamientos y emociones:	1	2	3	4	5	6	7	8	9	10
El presente:	1	2	3	4	5	6	7	8	9	10
El futuro:	1	2	3	4	5	6	7	8	9	10

Ya has oído hablar del omnipotente poder de los hábitos. Ahora ya puedes usarlo para dirigir tus propios hábitos en la dirección correcta. ¿Qué hábitos positivos quieres adquirir? Ir al gimnasio a días alternos, dejar de fumar, leer 20 minutos o chocar esos cinco tres veces al día… no importa si lo que quieres es hacer un seguimiento de los hábitos que ya tienes, librarte de los que no quieres o introducir otros nuevos en tu vida, el Rastreador de Hábitos te ayudará a conseguirlo.

Ejemplo:

Beber 1,5 litros de agua

X	2	X	X	X	6	7	X	X	X	X	12	X	14	X	X
X	X	X	20	X	X	X	X	X	X	27	X	X	X	X	

TU RASTREADOR DE HÁBITOS

1	2	3	4	5	6	7	8	9	10	11	12	13	14	15	16
17	18	19	20	21	22	23	24	25	26	27	28	29	30	31	

1	2	3	4	5	6	7	8	9	10	11	12	13	14	15	16
17	18	19	20	21	22	23	24	25	26	27	28	29	30	31	

1	2	3	4	5	6	7	8	9	10	11	12	13	14	15	16
17	18	19	20	21	22	23	24	25	26	27	28	29	30	31	

“

Somos lo que hacemos repetidamente.
La excelencia no es un acto, sino un hábito.

ARISTÓTELES

¿Cuál es actualmente tu mayor preocupación? Imagina que no se tratara de ti, sino de tu mejor amigo o amiga. ¿Qué le aconsejarías?

Basándote en tus rutinas y acciones diarias, ¿dónde te ves dentro de cinco años? ¿Qué tipo de persona serás, si sigues haciendo lo que has venido haciendo hasta ahora?

¿Quién es tu mejor amigo o amiga en este momento? ¿Qué tiene esa persona que te hace estarle agradecido? ¿Qué crees que es lo que más aprecia de ti?

Viajemos al pasado. ¿Si tuvieras la oportunidad de llamarte a ti mismo cuando eras 10 años más joven y hablar contigo durante 30 segundos, ¿qué consejo le darías a tu yo del pasado?

¿Cuándo ha sido la última vez que has llorado de alegría? ¿Qué tal fue la última vez que se te puso la piel de gallina por una experiencia positiva?

LMMJVSD ___________

Doy gracias por…

1. ___
2. ___
3. ___

Así es cómo voy a conseguir que hoy sea un gran día

La afirmación positiva

El reto de la semana:

Escríbete un correo electrónico para el futuro, que recibirás tras haber completado tu primer *Diario de los 6 Minutos* (aproximadamente dentro de 6 meses). Describe dónde te ves y qué rumbo habrá tomado tu vida en ese momento. Puedes escribir el mail a futureme.org o whensend.com, por ejemplo.

Mi buena acción del día

¿Cómo voy a mejorar?

Grandes cosas que he experimentado hoy

1. ___
2. ___
3. ___

LMMJVSD ____________

Doy gracias por…

1. ______
2. ______
3. ______

Así es cómo voy a conseguir que hoy sea un gran día

La afirmación positiva

> ***La mejor forma de predecir tu futuro es crearlo.***
>
> ABRAHAM LINCOLN

Mi buena acción del día

¿Cómo voy a mejorar?

Grandes cosas que he experimentado hoy

1. ______
2. ______
3. ______

Doy gracias por...

1. ___
2. ___
3. ___

Así es cómo voy a conseguir que hoy sea un gran día

___
___
___
___
___

La afirmación positiva

___
___

> ***La gratitud da sentido a nuestro pasado, nos aporta paz en el presente y crea una visión para el futuro.***
>
> MELODY BEATTIE

Mi buena acción del día

___
___

¿Cómo voy a mejorar?

___
___

Grandes cosas que he experimentado hoy

1. ___
2. ___
3. ___

LMMJVSD ____________

Doy gracias por...

1. ____________
2. ____________
3. ____________

Así es cómo voy a conseguir que hoy sea un gran día

La afirmación positiva

> ***La vida no se mide por el número de respiraciones, sino por los momentos que nos cortan la respiración.***
>
> MAYA ANGELOU

Mi buena acción del día

¿Cómo voy a mejorar?

Grandes cosas que he experimentado hoy

1. ____________
2. ____________
3. ____________

Doy gracias por...

1. ____________
2. ____________
3. ____________

Así es cómo voy a conseguir que hoy sea un gran día

____
____
____
____
____

La afirmación positiva

____
____

> *Es mejor dar muchos pasos pequeños en la dirección correcta, que dar un gran salto hacia delante y caer hacia atrás.*
>
> PROVERBIO CHINO

Mi buena acción del día

____
____

¿Cómo voy a mejorar?

____
____

Grandes cosas que he experimentado hoy

1. ____________
2. ____________
3. ____________

LMMJVSD ___________

Doy gracias por…

1. ______________________________
2. ______________________________
3. ______________________________

Así es cómo voy a conseguir que hoy sea un gran día

La afirmación positiva

> ***Nuestras decisiones demuestran mejor quiénes somos realmente que nuestras habilidades.***
>
> J. K. ROWLING

Mi buena acción del día

¿Cómo voy a mejorar?

Grandes cosas que he experimentado hoy

1. ______________________________
2. ______________________________
3. ______________________________

LMMJVSD ____________

Doy gracias por…

1. ______________________________
2. ______________________________
3. ______________________________

Así es cómo voy a conseguir que hoy sea un gran día

____

____

____

____

____

La afirmación positiva

____

____

> ***Un optimista no está de pie bajo la lluvia, se está duchando bajo una nube.***
>
> THOMAS ROMANUS

Mi buena acción del día

____

____

¿Cómo voy a mejorar?

____

____

Grandes cosas que he experimentado hoy

1. ______________________________
2. ______________________________
3. ______________________________

Según Jim Rohn, tú eres el promedio de las 5 personas con las que pasas más tiempo. ¿Quiénes son estas personas en estos momentos? ¿Hasta qué punto reflejan quién eres?

¿Qué es lo que más te gusta de ti y por qué? ¿Te amas a ti mismo?

¿Qué cumplido ha influido más en ti? ¿Cómo ha influido en tu vida? ¿Cuándo ha sido la última vez que le has hecho un cumplido a alguien y se ha alegrado realmente de oírlo?

¿Qué harías ahora mismo si no tuvieras miedo a equivocarte?

¿Qué tema de conversación te puede hacer hablar durante horas? ¿Cuándo fue la última vez que hablaste de ello?

LAS NOTAS DE LA SEMANA

LMMJVSD ____________

Doy gracias por...

1. ____________
2. ____________
3. ____________

Así es cómo voy a conseguir que hoy sea un gran día

____

La afirmación positiva

____

El reto de la semana:

¿No pasa siempre que los placeres inesperados resultan ser los mejores? Tus actos de amabilidad al azar pueden cambiarle el día a otra persona. Adelante, haz algo amable por alguien que jamás hubiera imaginado una cosa así.

Mi buena acción del día

____

¿Cómo voy a mejorar?

____

Grandes cosas que he experimentado hoy

1. ____________
2. ____________
3. ____________

LMMJVSD ____________

Doy gracias por...

1. ____________________
2. ____________________
3. ____________________

Así es cómo voy a conseguir que hoy sea un gran día

____
____
____
____
____

La afirmación positiva

____
____

> ***Deja que tus buenas acciones sean como la lluvia. Vierte un poco en todas partes.***
>
> M. NASIRUDDIN AL-ALBANI

Mi buena acción del día

____
____

¿Cómo voy a mejorar?

____
____

Grandes cosas que he experimentado hoy

1. ____________________
2. ____________________
3. ____________________

LMMJVSD ____________

Doy gracias por…

1. ____________________
2. ____________________
3. ____________________

Así es cómo voy a conseguir que hoy sea un gran día

____
____
____
____
____

La afirmación positiva

____
____

> *Una gota de amor es más*
> *que un océano de intelecto.*
>
> BLAISE PASCAL

Mi buena acción del día

____
____

¿Cómo voy a mejorar?

____
____

Grandes cosas que he experimentado hoy

1. ____________________
2. ____________________
3. ____________________

Doy gracias por…

1.
2.
3.

Así es cómo voy a conseguir que hoy sea un gran día

La afirmación positiva

> *El hábito de ver el lado bueno de las cosas vale más que ganar mil libras al año.*
>
> SAMUEL JOHNSON

Mi buena acción del día

¿Cómo [illegible] a mejorar?

Grandes cosas que he experimentado hoy

1.
2.
3.

LMMJVSD ____________

Doy gracias por…

1. ______________________________
2. ______________________________
3. ______________________________

Así es cómo voy a conseguir que hoy sea un gran día

____
____
____
____
____

La afirmación positiva

____
____

> ***El hombre que mueve montañas empieza por las piedras pequeñas.***
>
> CONFUCIO

Mi buena acción del día

____
____

¿Cómo voy a mejorar?

____
____

Grandes cosas que he experimentado hoy

1. ______________________________
2. ______________________________
3. ______________________________

Doy gracias por…

1. ______
2. ______
3. ______

Así es cómo voy a conseguir que hoy sea un gran día

______
______
______
______
______

La afirmación positiva

______
______

> “*La sinceridad puede que no te ayude a tener muchos amigos, pero siempre atraerá a los buenos.*”
>
> JOHN LENNON

Mi buena acción del día

______
______

¿Cómo voy a mejorar?

______
______

Grandes cosas que he experimentado hoy

1. ______
2. ______
3. ______

LMMJVSD ____________

Doy gracias por...

1. ______________________________
2. ______________________________
3. ______________________________

Así es cómo voy a conseguir que hoy sea un gran día

____
____
____
____
____

La afirmación positiva

____
____

El secreto del cambio no es concentrar toda tu energía en combatir lo viejo, sino en construir lo nuevo.

SÓCRATES

Mi buena acción del día

____
____

¿Cómo voy a mejorar?

____
____

Grandes cosas que he experimentado hoy

1. ______________________________
2. ______________________________
3. ______________________________

¿Cuáles son en este momento tus tres prioridades? ¿En qué deseas concentrar tu tiempo y tu energía realmente? (Si quieres tener tus prioridades a la vista, puedes usar el espacio que hay al final del diario.)

¿De qué forma estás malgastando demasiado tiempo en cosas que no son tus prioridades y cómo podrías reducirlo? Confecciona una lista de «Cosas a evitar» para ser más consciente de tus prioridades. (Aquí también puedes usar el espacio para notas que hay al final del diario.)

¿En qué malgastas demasiado tiempo preocupándote? ¿Será importante dentro de cinco años? ¿Será importante dentro de 5 semanas o de cinco días?

¿Qué crees que piensa de ti la gente a los pocos segundos de conocerte?

¿Crees que para valer algo has de conseguir algo? ¿Por qué?

LAS NOTAS DE LA SEMANA

Doy gracias por...

1. ___
2. ___
3. ___

Así es cómo voy a conseguir que hoy sea un gran día

___

La afirmación positiva

___

El reto de la semana:

El filósofo estoico Séneca dijo: «Padecemos más de imaginación que de realidad». 2.000 años después, un estudio le ha dado la razón demostrando que solo el 15% de las cosas por las que nos preocupamos se hacen realidad, mientras que el 80% de estas realidades se pueden resolver con mayor facilidad de lo esperado.[59] Así que recuerda que el vaso está medio lleno y vive tu día con más optimismo.

Mi buena acción del día

___

¿Cómo voy a mejorar?

___

Grandes cosas que he experimentado hoy

1. ___
2. ___
3. ___

Doy gracias por...

1. ______________________________
2. ______________________________
3. ______________________________

Así es cómo voy a conseguir que hoy sea un gran día

____
____
____
____
____

La afirmación positiva

____
____

Al ser humano no le preocupan tanto los problemas reales, como sus ansiedades imaginarias sobre los problemas reales.

EPICTETO

Mi buena acción del día

____
____

¿Cómo voy a mejorar?

____
____

Grandes cosas que he experimentado hoy

1. ______________________________
2. ______________________________
3. ______________________________

LMMJVSD ____________

Doy gracias por...

1. ____________________
2. ____________________
3. ____________________

Así es cómo voy a conseguir que hoy sea un gran día

____

____

____

____

____

La afirmación positiva

____

____

> *No estropees lo que tienes, deseando lo que no tienes. Recuerda que lo que tienes ahora una vez estuvo entre las cosas que esperabas tener.*
>
> EPICURO

Mi buena acción del día

____

____

¿Cómo voy a mejorar?

____

____

Grandes cosas que he experimentado hoy

1. ____________________
2. ____________________
3. ____________________

Doy gracias por...

1. ____________
2. ____________
3. ____________

Así es cómo voy a conseguir que hoy sea un gran día

____

____

____

____

____

La afirmación positiva

____

____

> ***La mayoría de las personas sobrestiman lo que pueden hacer en un año y subestiman lo que pueden hacer en diez.***
>
> BILL GATES

Mi buena acción del día

____

____

¿Cómo voy a mejorar?

____

____

Grandes cosas que he experimentado hoy

1. ____________
2. ____________
3. ____________

LMMJVSD ___________

Doy gracias por…

1. ______________________________
2. ______________________________
3. ______________________________

Así es cómo voy a conseguir que hoy sea un gran día

____
____
____
____
____

La afirmación positiva

____
____

> ***El mayor reto en la vida es lograr ser uno mismo, en un mundo que intenta hacer que seas como los demás.***
>
> RALPH WALDO EMERSON

Mi buena acción del día

____
____

¿Cómo voy a mejorar?

____
____

Grandes cosas que he experimentado hoy

1. ______________________________
2. ______________________________
3. ______________________________

LMMJVSD

Doy gracias por…

1.
2.
3.

Así es cómo voy a conseguir que hoy sea un gran día

La afirmación positiva

La mayor recompensa por el esfuerzo de una persona no es lo que obtiene por él mismo, sino en lo que se convierte por él.

JOHN RUSKIN

Mi buena acción del día

¿Cómo voy a mejorar?

Grandes cosas que he experimentado hoy

1.
2.
3.

Doy gracias por…

1. ____________
2. ____________
3. ____________

Así es cómo voy a conseguir que hoy sea un gran día

____
____
____
____
____

La afirmación positiva

____
____

"Según sean tus pensamientos habituales, así será también el carácter de tu mente; pues el alma está teñida de pensamientos."

MARCO AURELIO

Mi buena acción del día

____
____

¿Cómo voy a mejorar?

____
____

Grandes cosas que he experimentado hoy

1. ____________
2. ____________
3. ____________

¿Tienes defectos? También los tienen los demás. Tus defectos te hacen tan único como tus puntos fuertes. ¿Cuáles son tus defectos? ¡Escríbelos para aceptarlos, celebrarlos y sentirte orgulloso de ellos!

¿Cuáles son actualmente tus tres hábitos más perjudiciales? ¿Cuál es el más dañino y por qué no te has podido deshacer de él hasta ahora? ¿Por qué no usas el Rastreador de Hábitos Mensual para que te ayude a romper este hábito?

¿Cuando ha sido la última vez que has estado a punto de rendirte ante algo? ¿Qué te impidió hacerlo?

¿Cuándo fue la última vez que hiciste algo que nadie esperaba que hicieras, ni siquiera tú? ¿Cómo te hizo sentir eso?

¿Quién y qué es lo que más te hace reír?

LMMJVSD ___________

Doy gracias por...

1. ______________________
2. ______________________
3. ______________________

Así es cómo voy a conseguir que hoy sea un gran día

La afirmación positiva

El reto de la semana:

Esta semana serás la parte positiva.
Si observas que alguien está hablando mal de otra persona,
tú serás quien diga algo bueno de ella.

Mi buena acción del día

¿Cómo voy a mejorar?

Grandes cosas que he experimentado hoy

Doy gracias por...

1. ____________
2. ____________
3. ____________

Así es cómo voy a conseguir que hoy sea un gran día

Sí es cómo voy a conseguir que hoy sea un gran día

La afirmación positiva

> ***El que planta árboles sabiendo que jamás se sentará a su sombra al menos ha empezado a comprender el sentido de la vida.***
>
> RABINDRANATH TAGORE

Mi buena acción del día

¿Cómo voy a mejorar?

Grandes cosas que he experimentado hoy

1. ____________
2. ____________
3. ____________

LMMJVSD ____________

Doy gracias por...

1. ______________________________
2. ______________________________
3. ______________________________

Así es cómo voy a conseguir que hoy sea un gran día

____
____
____
____
____

La afirmación positiva

____
____

Lo que tenemos detrás y lo que tenemos delante es insignificante, en comparación con lo que tenemos en nuestro interior.

RALPH WALDO EMERSON

Mi buena acción del día

____
____

¿Cómo voy a mejorar?

____
____

Grandes cosas que he experimentado hoy

- ______________________________
- ______________________________
- ______________________________

Doy gracias por…

1.
2.
3.

Así es cómo voy a conseguir que hoy sea un gran día

La afirmación positiva

El mejor esposo para una mujer es un arqueólogo. Cuanto más envejece ella, más interés despierta en él.

AGATHA CHRISTIE

Mi buena acción del día

¿Cómo voy a mejorar?

Grandes cosas que he experimentado hoy

1.
2.
3.

L M M J V S D ______________

Doy gracias por...

1. ______________________________
2. ______________________________
3. ______________________________

Así es cómo voy a conseguir que hoy sea un gran día

La afirmación positiva

Cuando cambias tu manera de ver las cosas, cambian las cosas que miras.

WAYNE DYER

Mi buena acción del día

¿Cómo voy a mejorar?

Grandes cosas que he experimentado hoy

-
-
-

Doy gracias por…

1. ____________
2. ____________
3. ____________

Así es cómo voy a conseguir que hoy sea un gran día

____

____

____

____

____

La afirmación positiva

____

____

“

No he fracasado.
He descubierto 10.000 sistemas que no funcionan.

THOMAS A. EDISON

”

Mi buena acción del día

____

____

¿Cómo voy a mejorar?

____

____

Grandes cosas que he experimentado hoy

1. ____________
2. ____________
3. ____________

LMMJVSD ____________

Doy gracias por…

1. ____________
2. ____________
3. ____________

Así es cómo voy a conseguir que hoy sea un gran día

La afirmación positiva

No llores porque terminó,
sonríe porque sucedió.

DOCTOR SEUSS

Mi buena acción del día

¿Cómo voy a mejorar?

Grandes cosas que he experimentado hoy

1. ____________
2. ____________
3. ____________

¿De qué aspectos de tu personalidad y de qué logros estás realmente orgulloso? ¿Qué es concretamente lo que te hace estar tan orgulloso de ellos?

Si pudieras cambiar de género por un día, ¿qué te gustaría hacer? ¿Qué es lo que esperarías con mayor anhelo?

¿En qué emplearías tu tiempo si tuvieras que pasar dos años en la cárcel?

¿Qué piensas que es lo mejor de envejecer?

¿Quiénes eran las tres personas más importantes en tu vida hace diez años? ¿Quiénes son ahora y qué ha cambiado o no ha cambiado?

LAS NOTAS DE LA SEMANA

Estado de ánimo general:	1	2	3	4	5	6	7	8	9	10
Gratitud:	1	2	3	4	5	6	7	8	9	10
Ser consciente:	1	2	3	4	5	6	7	8	9	10
Familia:	1	2	3	4	5	6	7	8	9	10
Amigos:	1	2	3	4	5	6	7	8	9	10
Asociaciones:	1	2	3	4	5	6	7	8	9	10
Diversión:	1	2	3	4	5	6	7	8	9	10
Calma y serenidad:	1	2	3	4	5	6	7	8	9	10
Tiempo para ti:	1	2	3	4	5	6	7	8	9	10
Comer sano:	1	2	3	4	5	6	7	8	9	10
Beber agua:	1	2	3	4	5	6	7	8	9	10
Ejercicio y movimiento:	1	2	3	4	5	6	7	8	9	10
Salir:	1	2	3	4	5	6	7	8	9	10
Salud:	1	2	3	4	5	6	7	8	9	10
Creatividad:	1	2	3	4	5	6	7	8	9	10
Finanzas:	1	2	3	4	5	6	7	8	9	10
Trabajo y educación:	1	2	3	4	5	6	7	8	9	10
Pensamientos y emociones:	1	2	3	4	5	6	7	8	9	10
El presente:	1	2	3	4	5	6	7	8	9	10
El futuro:	1	2	3	4	5	6	7	8	9	10

TU RASTREADOR DE HÁBITOS

1	2	3	4	5	6	7	8	9	10	11	12	13	14	15	16
17	18	19	20	21	22	23	24	25	26	27	28	29	30	31	

1	2	3	4	5	6	7	8	9	10	11	12	13	14	15	16
17	18	19	20	21	22	23	24	25	26	27	28	29	30	31	

1	2	3	4	5	6	7	8	9	10	11	12	13	14	15	16
17	18	19	20	21	22	23	24	25	26	27	28	29	30	31	

LMMJVSD ____________

Doy gracias por...

1. ______________________________
2. ______________________________
3. ______________________________

Así es cómo voy a conseguir que hoy sea un gran día

____
____
____
____
____

La afirmación positiva

____
____

El reto de la semana:

¿Sabes qué tenían en común Leonardo da Vinci, Eleanor Roosevelt, Bill Clinton, Margaret Thatcher y Albert Einstein? Todos ellos hacen (o hacían) la siesta cada día. De hecho, el derecho a la siesta está contemplado en la Constitución japonesa. Regálate siestas de 20 minutos de vez en cuando, y disfruta de beneficios como más capacidad de concentración, más memoria y menos nivel de estrés.

Mi buena acción del día

____
____

¿Cómo voy a mejorar?

____
____

Grandes cosas que he experimentado hoy

1. ______________________________
2. ______________________________
3. ______________________________

Doy gracias por...

1. ______________
2. ______________
3. ______________

Así es cómo voy a conseguir que hoy sea un gran día

La afirmación positiva

“

El arte de relajarse forma parte del arte de trabajar.

JOHN STEINBECK

”

Mi buena acción del día

¿Cómo voy a mejorar?

Grandes cosas que he experimentado hoy

1. ______________
2. ______________
3. ______________

LMMJVSD ____________

Doy gracias por...

1. ______
2. ______
3. ______

Así es cómo voy a conseguir que hoy sea un gran día

La afirmación positiva

> *Tienes que aceptar a las personas tal como son, porque no hay otras.*
>
> KONRAD ADENAUER

Mi buena acción del día

¿Cómo voy a mejorar?

Grandes cosas que he experimentado hoy

1. ______
2. ______
3. ______

Doy gracias por...

1. ____________
2. ____________
3. ____________

Así es cómo voy a conseguir que hoy sea un gran día

La afirmación positiva

> ***Un día te despertarás y ya no te quedará tiempo para hacer las cosas que siempre has deseado hacer. Hazlas ahora.***
>
> PAULO COELHO

Mi buena acción del día

¿Cómo voy a mejorar?

Grandes cosas que he experimentado hoy

1. ____________
2. ____________
3. ____________

LMMJVSD ____________

Doy gracias por...

1. ____________________
2. ____________________
3. ____________________

Así es cómo voy a conseguir que hoy sea un gran día

____

____

____

____

____

La afirmación positiva

____

____

> *La gente olvidará lo que has dicho. Olvidará lo que has hecho. Pero nunca olvidará cómo le hiciste sentir.*
>
> MAYA ANGELOU

Mi buena acción del día

____

____

¿Cómo voy a mejorar?

____

____

Grandes cosas que he experimentado hoy

1. ____________________
2. ____________________
3. ____________________

LMMJVSD ____________

Doy gracias por…

1. ______________________________
2. ______________________________
3. ______________________________

Así es cómo voy a conseguir que hoy sea un gran día

____
____
____
____
____

La afirmación positiva

____
____

> ***Déjate atraer silenciosamente por el extraño magnetismo de lo que realmente te gusta. No te decepcionará.***
>
> RUMI

Mi buena acción del día

____
____

¿Cómo voy a mejorar?

____
____

Grandes cosas que he experimentado hoy

1. ______________________________
2. ______________________________
3. ______________________________

LMMJVSD ____________

Doy gracias por…

1. ______
2. ______
3. ______

Así es cómo voy a conseguir que hoy sea un gran día

La afirmación positiva

> ***Si nos encontramos con alguien que nos debe gratitud lo recordamos al instante. ¿Cuántas veces nos encontramos con alguien a quien nosotros debemos gratitud y no lo recordamos en absoluto?***
>
> JOHANN WOLFGANG VON GOETHE

Mi buena acción del día

¿Cómo voy a mejorar?

Grandes cosas que he experimentado hoy

1. ______
2. ______
3. ______

Yo digo «vida», ¿tú dices…? No pienses, escribe las primeras palabras que se te pasen por la cabeza. Te sorprenderá lo que descubres sobre ti cuando te dejas guiar por tu intuición:

Vida:

Humor:

Miedo:

Amor:

Tristeza:

Sinceridad:

Futuro:

¿Por qué elegiste tu profesión? ¿Estás haciendo lo que realmente quieres hacer?

¿Hasta el momento, a qué edad has sido más feliz? ¿Qué fue (es) tan especial en esa época?

¿Cuándo fue la última vez que mentiste a alguien y por qué? ¿En qué aspecto de tu vida te estás mintiendo a ti mismo?

Si pudieras presenciar algún acontecimiento de tu pasado o de tu futuro, ¿cuál sería?

LMMJVSD ___________

Doy gracias por…

1. ______________________________
2. ______________________________
3. ______________________________

Así es cómo voy a conseguir que hoy sea un gran día

____
____
____
____
____

La afirmación positiva

____
____

El reto de la semana:

¿Qué persona desempeñó el papel más importante en tu vida el año pasado? ¿Por qué no expresarle tu gratitud a esa persona con un breve mensaje, una nota escrita o una llamada? Echa un vistazo a «Un experimento de gratitud» (La ciencia de la vida) en *YouTube* y comprueba por ti mismo el poder que puede tener tu mensaje.

Mi buena acción del día

____
____

¿Cómo voy a mejorar?

____
____

Grandes cosas que he experimentado hoy

1. ______________________________
2. ______________________________
3. ______________________________

Doy gracias por…

1. ____________
2. ____________
3. ____________

Así es cómo voy a conseguir que hoy sea un gran día

____
____
____
____
____

La afirmación positiva

____
____

Sentir gratitud y no expresarla es como envolver un regalo y no darlo.

WILLIAM ARTHUR WARD

Mi buena acción del día

____
____

¿Cómo voy a mejorar?

____
____

Grandes cosas que he experimentado hoy

1. ____________
2. ____________
3. ____________

Doy gracias por...

1. ____________________
2. ____________________
3. ____________________

Así es cómo voy a conseguir que hoy sea un gran día

____

____

____

____

____

La afirmación positiva

____

____

> ***No existe el camino hacia la felicidad. La felicidad es el camino.***
>
> BUDA

Mi buena acción del día

____

____

¿Cómo voy a mejorar?

____

____

Grandes cosas que he experimentado hoy

1. ____________________
2. ____________________
3. ____________________

LMMJVSD ____________

Doy gracias por…

1. ______
2. ______
3. ______

Así es cómo voy a conseguir que hoy sea un gran día

______

La afirmación positiva

______

Si todo el año fuera fiesta, el placer sería tan tedioso como el trabajo.

WILLIAM SHAKESPEARE

Mi buena acción del día

______

¿Cómo voy a mejorar?

______

Grandes cosas que he experimentado hoy

1. ______
2. ______
3. ______

LMMJVSD ____________

Doy gracias por...

1. ______________________________
2. ______________________________
3. ______________________________

Así es cómo voy a conseguir que hoy sea un gran día

____
____
____
____
____

La afirmación positiva

____
____

> ***La vida es un gran lienzo y deberías echarle toda la pintura posible.***
>
> DANNY KAYE

Mi buena acción del día

____
____

¿Cómo voy a mejorar?

____
____

Grandes cosas que he experimentado hoy

1. ______________________________
2. ______________________________
3. ______________________________

Doy gracias por...

1.
2.
3.

Así es cómo voy a conseguir que hoy sea un gran día

La afirmación positiva

Nunca te disculpes por ser tú mismo.

PAULO COELHO

Mi buena acción del día

¿Cómo voy a mejorar?

Grandes cosas que he experimentado hoy

1.
2.
3.

LMMJVSD ___________

Doy gracias por...

1. ____________________
2. ____________________
3. ____________________

Así es cómo voy a conseguir que hoy sea un gran día

____

____

____

____

____

La afirmación positiva

____

____

> ***Dentro de un año puede que desees haber empezado hoy.***
>
> KAREN LAMB

Mi buena acción del día

____

____

¿Cómo voy a mejorar?

____

____

Grandes cosas que he experimentado hoy

1. ____________________
2. ____________________
3. ____________________

¿Qué meta deseas alcanzar el año que viene? ¿Mejorará tu realidad actual? ¿Qué crees que cambiará cuando la hayas conseguido? ¿Están en sintonía tus esfuerzos a corto plazo con tus metas a largo plazo?

Piensa en algo o en alguien importante que hayas perdido recientemente. ¿Cuáles son las dos reflexiones positivas que has conseguido de esta experiencia?

¿Cuál es el mejor consejo que has recibido?
¿Cuál crees que ha sido el mejor consejo que le has dado a alguien?

Si pudieras usar una valla publicitaria gigante de 100 metros de ancho y escribir en ella lo que quisieras, ¿qué escribirías? ¿Qué expondrías y por qué?

¿Qué te ha estado diciendo tu intuición que puede que no hayas querido escuchar?

LMMJVSD ____________

Doy gracias por...

1. ______________________________
2. ______________________________
3. ______________________________

Así es cómo voy a conseguir que hoy sea un gran día

____
____
____
____
____

La afirmación positiva

____
____

El reto de la semana:

Muchas de las lecciones que acabarás aprendiendo, otros ya las han dominado. Por eso, personas con más experiencia pueden enseñarte en minutos lo que puede que te lleve semanas o meses aprender. ¿Sueles acercarte a esas personas voluntariamente? Esta semana lo harás. Contacta con algunas personas que tengan mucha experiencia, y aprende con ellas las lecciones que les ha dado la vida y su sabiduría.

Mi buena acción del día

____
____

¿Cómo voy a mejorar?

____
____

Grandes cosas que he experimentado hoy

1. ______________________________
2. ______________________________
3. ______________________________

L M M J V S D ____________

Doy gracias por…

1. ______
2. ______
3. ______

Así es cómo voy a conseguir que hoy sea un gran día

La afirmación positiva

“

La experiencia es una gran maestra, aunque no sea propia.

GINA GREENLEE

”

Mi buena acción del día

¿Cómo voy a mejorar?

Grandes cosas que he experimentado hoy

1. ______
2. ______
3. ______

LMMJVSD ____________

Doy gracias por…

1. ______________________________
2. ______________________________
3. ______________________________

Así es cómo voy a conseguir que hoy sea un gran día

La afirmación positiva

Ser feliz en la vida depende
de la calidad de tus pensamientos.

MARCO AURELIO

Mi buena acción del día

¿Cómo voy a mejorar?

Grandes cosas que he experimentado hoy

Doy gracias por...

1.
2.
3.

Así es cómo voy a conseguir que hoy sea un gran día

La afirmación positiva

Si deseas algo que no has tenido nunca has de estar dispuesto a hacer algo que no has hecho nunca.

THOMAS JEFFERSON

Mi buena acción del día

¿Cómo voy a mejorar?

Grandes cosas que he experimentado hoy

1.
2.
3.

LMMJVSD ____________

Doy gracias por…

1. ______________________________
2. ______________________________
3. ______________________________

Así es cómo voy a conseguir que hoy sea un gran día

La afirmación positiva

> ***El pesimista ve una dificultad en cada oportunidad. El optimista ve una oportunidad en cada dificultad.***
>
> WINSTON CHURCHILL

Mi buena acción del día

¿Cómo voy a mejorar?

Grandes cosas que he experimentado hoy

Doy gracias por…

1.
2.
3.

Así es cómo voy a conseguir que hoy sea un gran día

La afirmación positiva

Si funciona todo lo que pruebas,
es que no te estás esforzando lo suficiente.

GORDON MOORE

Mi buena acción del día

¿Cómo voy a mejorar?

Grandes cosas que he experimentado hoy

1.
2.
3.

LMMJVSD ____________

Doy gracias por…

1. ______________________________

2. ______________________________

3. ______________________________

Así es cómo voy a conseguir que hoy sea un gran día

La afirmación positiva

> *No tienes que ser grande para empezar, pero has de empezar a ser grande.*
>
> ZIG ZIGLAR

Mi buena acción del día

¿Cómo voy a mejorar?

Grandes cosas que he experimentado hoy

Cuando piensas en la palabra «éxito», ¿en qué dos personas piensas y por qué? ¿Qué significa el «éxito» para ti?

¿Cuáles son tus puntos fuertes? ¿Qué se te da especialmente bien que a otros les cuesta? ¿Cómo puedes armonizar más tu vida con tus puntos fuertes y tus habilidades?

¿Qué proyecto tienes aparcado en tu corazón para el que necesitas más tiempo y dedicación? ¿Qué podrías hacer ahora mismo para hacerlo realidad?

¿Cuáles son actualmente los dos pensamientos que tienes con más frecuencia?

Si tuvieras una cita rápida, y solo pudieras decirle a la otra persona una cosa sobre ti ¿qué le dirías?

LMMJVSD ____________

Doy gracias por...

1. ____________
2. ____________
3. ____________

Así es cómo voy a conseguir que hoy sea un gran día

____
____
____
____
____

La afirmación positiva

____
____

El reto de la semana:

Ray Dalio, fundador de Bridgewater Associates, el mayor fondo de alto riesgo del mundo, hace hincapié, una y otra vez, en que para estar a la altura de tu potencial, primero has de reconocer tus debilidades. Esta semana dedicarás diez minutos cada día a convertir una debilidad en una aptitud, o en su lugar, a encontrar personas, herramientas o mecanismos que te ayuden a suplir esa carencia.

Mi buena acción del día

____
____

¿Cómo voy a mejorar?

____
____

Grandes cosas que he experimentado hoy

1. ____________
2. ____________
3. ____________

Doy gracias por…

1. ____________
2. ____________
3. ____________

Así es cómo voy a conseguir que hoy sea un gran día

____

La afirmación positiva

____

Intenta descubrir tus debilidades y conviértelas en tus puntos fuertes. Eso es el éxito.

ZIG ZIGLAR

Mi buena acción del día

____

¿Cómo voy a mejorar?

____

Grandes cosas que he experimentado hoy

1. ____________
2. ____________
3. ____________

Doy gracias por…

1. ____________
2. ____________
3. ____________

Así es cómo voy a conseguir que hoy sea un gran día

____

____

____

____

____

La afirmación positiva

____

____

> ***Si estás afligido por algo externo, el sufrimiento, no se debe al objeto en sí mismo, sino a la estima que le tienes; y eso puedes cambiarlo en cualquier momento.***
>
> MARCO AURELIO

Mi buena acción del día

____

____

¿Cómo voy a mejorar?

____

____

Grandes cosas que he experimentado hoy

1. ____________
2. ____________
3. ____________

LMMJVSD ____________

Doy gracias por...

1. ______________________________
2. ______________________________
3. ______________________________

Así es cómo voy a conseguir que hoy sea un gran día

____
____
____
____
____

La afirmación positiva

____
____

> ***Un amigo es alguien que lo sabe todo de ti y a pesar de ello te quiere.***
>
> ELBERT HUBBARD

Mi buena acción del día

____
____

¿Cómo voy a mejorar?

____
____

Grandes cosas que he experimentado hoy

- ______________________________
- ______________________________
- ______________________________

Doy gracias por…

1. ______
2. ______
3. ______

Así es cómo voy a conseguir que hoy sea un gran día

______
______
______
______
______

La afirmación positiva

______
______

> *El mundo se hace a un lado para dejar pasar a todo aquel que sabe adónde va.*
>
> DAVID STARR JORDAN

Mi buena acción del día

______
______

¿Cómo voy a mejorar?

______
______

Grandes cosas que he experimentado hoy

1. ______
2. ______
3. ______

Doy gracias por...

1. ______
2. ______
3. ______

Así es cómo voy a conseguir que hoy sea un gran día

______
______
______
______
______

La afirmación positiva

______
______

> *Necesitamos dos años para aprender a hablar y sesenta para aprender a guardar silencio.*
>
> ERNEST HEMINGWAY

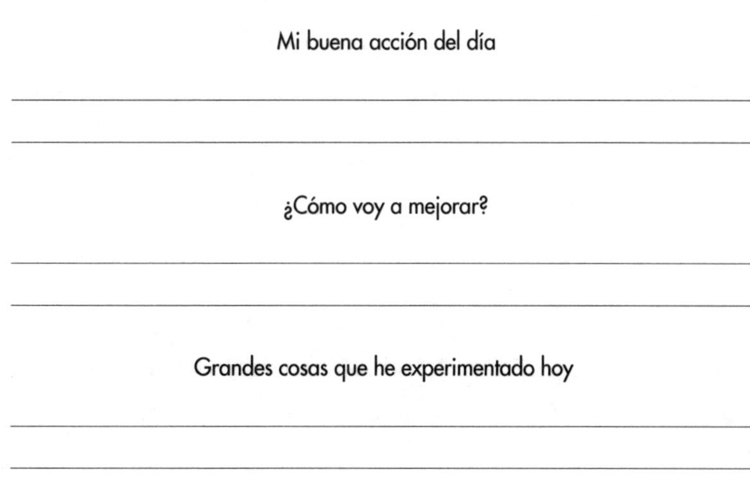

Mi buena acción del día

______
______

¿Cómo voy a mejorar?

______
______

Grandes cosas que he experimentado hoy

1. ______
2. ______
3. ______

Doy gracias por…

1. ____________
2. ____________
3. ____________

Así es cómo voy a conseguir que hoy sea un gran día

____

____

____

____

____

La afirmación positiva

____

____

> ***La felicidad no es algo que puedas posponer para el futuro, sino algo que diseñas para el presente.***
>
> JIM ROHN

Mi buena acción del día

____

____

¿Cómo voy a mejorar?

____

____

Grandes cosas que he experimentado hoy

1. ____________
2. ____________
3. ____________

Cierra los ojos. Primero, imagínate dentro de diez años y, luego, dentro de veinte años, ¿cómo y dónde te ves? Al cabo de unos años, será muy interesante leer lo que has escrito hoy.

En 10 años:

En 20 años:

¿Quién ha influido más sobre ti, tu madre o tu padre?
¿Qué es lo que más y lo que menos valoras de su influencia?

¿Qué promedio de horas a la semana trabajaste el año pasado? ¿Preferirías trabajar menos o trabajar más en lo que te gusta? ¿Por qué?

«¡Vaya, me he olvidado por completo de comer!» ¿Qué actividad ha conseguido que te olvidaras de comer o de ir al lavabo, porque estabas totalmente inmerso en ella?

¿Cuál es tu miedo más grande y profundo? ¿Se ha hecho realidad alguna vez?

Estado de ánimo general:	1	2	3	4	5	6	7	8	9	10
Gratitud:	1	2	3	4	5	6	7	8	9	10
Ser consciente:	1	2	3	4	5	6	7	8	9	10
Familia:	1	2	3	4	5	6	7	8	9	10
Amigos:	1	2	3	4	5	6	7	8	9	10
Asociaciones:	1	2	3	4	5	6	7	8	9	10
Diversión:	1	2	3	4	5	6	7	8	9	10
Calma y serenidad:	1	2	3	4	5	6	7	8	9	10
Tiempo para ti:	1	2	3	4	5	6	7	8	9	10
Comer sano:	1	2	3	4	5	6	7	8	9	10
Beber agua:	1	2	3	4	5	6	7	8	9	10
Ejercicio y movimiento:	1	2	3	4	5	6	7	8	9	10
Salir:	1	2	3	4	5	6	7	8	9	10
Salud:	1	2	3	4	5	6	7	8	9	10
Creatividad:	1	2	3	4	5	6	7	8	9	10
Finanzas:	1	2	3	4	5	6	7	8	9	10
Trabajo y educación:	1	2	3	4	5	6	7	8	9	10
Pensamientos y emociones:	1	2	3	4	5	6	7	8	9	10
El presente:	1	2	3	4	5	6	7	8	9	10
El futuro:	1	2	3	4	5	6	7	8	9	10

TU RASTREADOR DE HÁBITOS

1	2	3	4	5	6	7	8	9	10	11	12	13	14	15	16
17	18	19	20	21	22	23	24	25	26	27	28	29	30	31	

1	2	3	4	5	6	7	8	9	10	11	12	13	14	15	16
17	18	19	20	21	22	23	24	25	26	27	28	29	30	31	

1	2	3	4	5	6	7	8	9	10	11	12	13	14	15	16
17	18	19	20	21	22	23	24	25	26	27	28	29	30	31	

LMMJVSD ____________

Doy gracias por...

1. ____________
2. ____________
3. ____________

Así es cómo voy a conseguir que hoy sea un gran día

____
____
____
____
____

La afirmación positiva

____
____

El reto de la semana:

¿Con qué frecuencia tienes grandes ideas y momentos de inspiración, que se desvanecen en cuestión de segundos? ¡Qué pena! Esta semana te fijarás en esos «momentos en los que se te enciende la bombilla» y los anotarás en tu ordenador o en tu móvil. Mucha gente famosa, como Bill Gates, Sheryl Sandberg, J. K. Rowling y Richard Branson, comparten este gran hábito de anotar o grabar sus pensamientos e ideas.

Mi buena acción del día

____
____

¿Cómo voy a mejorar?

____
____

Grandes cosas que he experimentado hoy

1. ____________
2. ____________
3. ____________

Doy gracias por...

1. ______________________________
2. ______________________________
3. ______________________________

Así es cómo voy a conseguir que hoy sea un gran día

____
____
____
____
____

La afirmación positiva

____
____

La mente es para tener ideas, no para retenerlas.

DAVID ALLEN

Mi buena acción del día

____
____

¿Cómo voy a mejorar?

____
____

Grandes cosas que he experimentado hoy

1. ______________________________
2. ______________________________
3. ______________________________

Doy gracias por…

1. ____________
2. ____________
3. ____________

Así es cómo voy a conseguir que hoy sea un gran día

____

____

____

____

____

La afirmación positiva

____

____

> *La vida es como montar en bicicleta.*
> *Para mantener el equilibrio, has de seguir moviéndote.*
>
> ALBERT EINSTEIN

Mi buena acción del día

____

____

¿Cómo voy a mejorar?

____

____

Grandes cosas que he experimentado hoy

1. ____________
2. ____________
3. ____________

Doy gracias por...

1.
2.
3.

Así es cómo voy a conseguir que hoy sea un gran día

La afirmación positiva

> ***La vida se trata de generar un impacto, no de generar un ingreso.***
>
> KEVIN KRUSE

Mi buena acción del día

¿Cómo voy a mejorar?

Grandes cosas que he experimentado hoy

1.
2.
3.

L M M J V S D ___________

Doy gracias por…

1. ___
2. ___
3. ___

Así es cómo voy a conseguir que hoy sea un gran día

La afirmación positiva

> ***Muchos de los fracasos de la vida se deben a personas que no se dieron cuenta de lo cerca que estaban del éxito cuando se rindieron.***
>
> THOMAS A. EDISON

Mi buena acción del día

¿Cómo voy a mejorar?

Grandes cosas que he experimentado hoy

1. ___
2. ___
3. ___

LMMJVSD ____________

Doy gracias por…

1. ______________________________
2. ______________________________
3. ______________________________

Así es cómo voy a conseguir que hoy sea un gran día

____
____
____
____
____

La afirmación positiva

____
____

> ***Nadie sabe de lo que es capaz, hasta que lo intenta.***
>
> PUBLIO SIRO

Mi buena acción del día

____
____

¿Cómo voy a mejorar?

____
____

Grandes cosas que he experimentado hoy

1. ______________________________
2. ______________________________
3. ______________________________

Doy gracias por…

1. ____________
2. ____________
3. ____________

Así es cómo voy a conseguir que hoy sea un gran día

____

____

____

____

____

La afirmación positiva

____

____

Puedes cerrar los ojos a las cosas que no quieres ver, pero no puedes cerrar tu corazón a las cosas que no quieres sentir.

JOHNNY DEPP

Mi buena acción del día

____

____

¿Cómo voy a mejorar?

____

____

Grandes cosas que he experimentado hoy

1. ____________
2. ____________
3. ____________

¿Estás enamorado en estos momentos? Si no es así, ¿cuándo fue la última vez que lo estuviste? ¿Qué significa exactamente para ti estar enamorado y cómo te sientes cuando lo estás?

¿Cuál fue el mayor reto que tuviste que afrontar el año pasado? ¿Cómo lo superaste?

¿Hay algo que desearías haber dejado atrás?
¿Cuál es el mono que llevas a la espalda del que te gustaría librarte?

¿De qué legado quieres desprenderte?
¿Qué es lo que quisieras que los demás recordasen de ti al final de tu vida?
Y si eso es lo más importante al final de tu vida, ¿qué grado de importancia tiene ahora?

Imagina que hoy recibes una carta de ti mismo con diez años más.
¿Qué consejo le darías para el futuro a tu versión más mayor?

LMMJVSD ____________

Doy gracias por...

1. ____________
2. ____________
3. ____________

Así es cómo voy a conseguir que hoy sea un gran día

____
____
____
____
____

La afirmación positiva

____
____

El reto de la semana:

¿Interrumpes a veces a los demás porque piensas que tienes algo importante que decir? Esta semana, intenta comunicarte conscientemente. Escucha con curiosidad y sin juzgar. Deja que los demás terminen de hablar, haz una respiración completa relajada, y entonces (solo entonces), empieza a hablar. Observa cómo esta técnica cambia el tono de tus conversaciones y saca tus propias conclusiones.

Mi buena acción del día

____
____

¿Cómo voy a mejorar?

____
____

Grandes cosas que he experimentado hoy

1. ____________
2. ____________
3. ____________

LMMJVSD ____________

Doy gracias por...

1. ____________
2. ____________
3. ____________

Así es cómo voy a conseguir que hoy sea un gran día

La afirmación positiva

El mayor problema con la comunicación es que no escuchamos para entender, sino para responder. Cuando escuchamos con curiosidad, no lo hacemos con la intención de responder. Escuchamos lo que hay más allá de las palabras.

ROY T. BENNETT

Mi buena acción del día

¿Cómo voy a mejorar?

Grandes cosas que he experimentado hoy

1. ____________
2. ____________
3. ____________

LMMJVSD ____________

Doy gracias por…

1. ____________
2. ____________
3. ____________

Así es cómo voy a conseguir que hoy sea un gran día

La afirmación positiva

La experiencia no es lo que te sucede,
sino lo que haces con lo que te sucede.

ALDOUS HUXLEY

Mi buena acción del día

¿Cómo voy a mejorar?

Grandes cosas que he experimentado hoy

1. ____________
2. ____________
3. ____________

66 días

... ahora El Diario de los 6 Minutos ya forma parte de ti.

Lo que cuenta es lo que uno hace.
No lo que tenía intención de hacer.
PABLO PICASSO

¡Ya lo estás haciendo! Si estás leyendo esto es que ya formas parte del reducido círculo de Hacedores, de los hombres y las mujeres de acción. ¡Puedes llevar tu insignia con orgullo! ¡Disfruta de este pequeño logro regalándote algo bonito! Echa un vistazo rápido a las páginas que has escrito y disfruta de la vista: recuerdos, emociones y todas las pequeñas cosas que has conseguido hasta hoy.

Un seis tras otro, has estado usando *El Diario de los 6 Minutos* durante 66 días, así que ha llegado el momento de que te duermas un poco en tus laureles. Como leíste en los Fundamentos, después de 66 días has integrado en tu vida nuevos hábitos. **¡Ahora, *El Diario de los 6 Minutos* forma parte de ti!**

Reconozco que este periodo de tiempo puede que no sea muy exacto para todos los hábitos y todas las personas, pero lo que importa es que ¡por fin estás en el buen camino!

La felicidad es lo único que se
multiplica cuando la compartes.
ALBERT SCHWEITZER

Si deseas multiplicar tu felicidad, déjanos formar parte de ella. :)

Haz una foto artística de la pequeña joya
que tienes en tus manos y súbela a nuestro Instagram:

@createurbestself + #6minutediary

“

El hábito se convierte, por así decirlo, en una segunda naturaleza.

MARCO TULIO CICERÓN

LMMJVSD ___________

Doy gracias por…

1.
2.
3.

Así es cómo voy a conseguir que hoy sea un gran día

La afirmación positiva

No todos podemos hacer grandes cosas.
Pero sí podemos hacer pequeñas cosas con mucho amor.

MADRE TERESA

Mi buena acción del día

¿Cómo voy a mejorar?

Grandes cosas que he experimentado hoy

1.
2.
3.

Doy gracias por…

1. ____________
2. ____________
3. ____________

Así es cómo voy a conseguir que hoy sea un gran día

____

____

____

____

____

La afirmación positiva

____

____

"

El verdadero significado de la vida es plantar árboles, bajo cuya sombra no esperas sentarte.

NELSON HENDERSON

"

Mi buena acción del día

____

____

¿Cómo voy a mejorar?

____

____

Grandes cosas que he experimentado hoy

1. ____________
2. ____________
3. ____________

Doy gracias por…

1.
2.
3.

Así es cómo voy a conseguir que hoy sea un gran día

La afirmación positiva

"*Nada que termine suponiendo un progreso para la humanidad se consigue por consentimiento unánime.*

CRISTÓBAL COLÓN"

Mi buena acción del día

¿Cómo voy a mejorar?

Grandes cosas que he experimentado hoy

1.
2.
3.

Doy gracias por…

1.
2.
3.

Así es cómo voy a conseguir que hoy sea un gran día

La afirmación positiva

> ***Si te asusta, puede que valga la pena probarlo.***
> SETH GODIN

Mi buena acción del día

¿Cómo voy a mejorar?

Grandes cosas que he experimentado hoy

1.
2.
3.

¿Cuál es tu propósito en la vida? ¿Por qué importa tu existencia?

¿Cuáles son las tres cosas que más te gusta hacer con tu pareja cuando tienes una relación?

Identifica un aspecto de tu vida que te gustaría que fuera diferente. Ahora, ¿puedes encontrar al menos una razón por la que estás agradecido por ese aspecto?

¿Qué aspectos aprecian más de ti tus padres o tus abuelos?

Si fueras un mendigo, ¿qué escribirías en tu cartel de mendicidad?

LAS NOTAS DE LA SEMANA

Doy gracias por...

1. ____________
2. ____________
3. ____________

Así es cómo voy a conseguir que hoy sea un gran día

____

La afirmación positiva

____

El reto de la semana:

Juzgamos unas 35.000 veces al día.[60] Tanto si se trata de lo que comemos, lo que leemos o de las personas con las que nos relacionamos, le ponemos nuestra etiqueta personal a todo: personas y cosas.[61] Por muy involuntarios que sean dichos juicios, ¡podemos ser conscientes de los mismos! Esta semana intenta evitar juzgarlo todo y a todos. Amplía tu mente dejando que las cosas y las personas simplemente sean.

Mi buena acción del día

____

¿Cómo voy a mejorar?

____

Grandes cosas que he experimentado hoy

1. ____________
2. ____________
3. ____________

LMMJVSD ______________

Doy gracias por…

1. ______________________________
2. ______________________________
3. ______________________________

Así es cómo voy a conseguir que hoy sea un gran día

____
____
____
____
____

La afirmación positiva

____
____

> ***Juzgar nos impide comprender una nueva verdad. Libérate de las normas de los juicios antiguos y crea espacio para una nueva comprensión.***
>
> STEVE MARABOLI

Mi buena acción del día

____
____

¿Cómo voy a mejorar?

____
____

Grandes cosas que he experimentado hoy

1. ______________________________
2. ______________________________
3. ______________________________

Doy gracias por…

1. ____________
2. ____________
3. ____________

Así es cómo voy a conseguir que hoy sea un gran día

____

____

____

____

____

La afirmación positiva

____

____

“

Recuerda que, a veces, no conseguir lo que deseas es un maravilloso golpe de suerte.

DALÁI LAMA

”

Mi buena acción del día

____

____

¿Cómo voy a mejorar?

____

____

Grandes cosas que he experimentado hoy

1. ____________
2. ____________
3. ____________

Doy gracias por…

1. ____________
2. ____________
3. ____________

Así es cómo voy a conseguir que hoy sea un gran día

____

La afirmación positiva

____

“

La distancia más corta entre dos personas es una sonrisa.

VICTOR BORGE

”

Mi buena acción del día

____

¿Cómo voy a mejorar?

____

Grandes cosas que he experimentado hoy

1. ____________
2. ____________
3. ____________

LMMJVSD ____________

Doy gracias por…

1. ______
2. ______
3. ______

Así es cómo voy a conseguir que hoy sea un gran día

La afirmación positiva

> *La amabilidad en las palabras crea confianza.*
> *La amabilidad en el pensamiento crea profundidad.*
> *Dar con amabilidad crea amor.*
>
> LAO TSE

Mi buena acción del día

¿Cómo voy a mejorar?

Grandes cosas que he experimentado hoy

1. ______
2. ______
3. ______

Doy gracias por…

1.
2.
3.

Así es cómo voy a conseguir que hoy sea un gran día

La afirmación positiva

> *Por cada cosa que has perdido,*
> *has ganado otra.*
>
> RALPH WALDO EMERSON

Mi buena acción del día

¿Cómo voy a mejorar?

Grandes cosas que he experimentado hoy

1.
2.
3.

Doy gracias por…

1. ____________
2. ____________
3. ____________

Así es cómo voy a conseguir que hoy sea un gran día

____

____

____

____

____

La afirmación positiva

____

____

“

No juzgues cada día por los frutos que cosechas, sino por las semillas que plantas.

ROBERT LOUIS STEVENSON

”

Mi buena acción del día

____

____

¿Cómo voy a mejorar?

____

____

Grandes cosas que he experimentado hoy

1. ____________
2. ____________
3. ____________

¿Cuál de los sueños de tu vida has alcanzado hasta ahora? ¿Qué sueño deseas realizar con más urgencia en los próximos 5 o 10 años? ¿En qué sueño en concreto ya puedes empezar a trabajar?

¿Cómo contrarrestas el trepidante ritmo de nuestra sociedad de alta velocidad? ¿Qué haces para relajarte y recuperarte todos los días?

¿Dónde te sientes más cómodo y qué hace que ese lugar sea tan especial para ti?

Si tuvieras que dar una charla ante 200.000 personas, ¿cuál sería el tema que elegirías?

¿Qué es lo más fascinante que has visto?

Doy gracias por…

1. ______________________________
2. ______________________________
3. ______________________________

Así es cómo voy a conseguir que hoy sea un gran día

____
____
____
____
____

La afirmación positiva

____
____

El reto de la semana:

Los estudios han demostrado que cuanto más profundamente te relajas, mejor te puedes concentrar y eres más productivo.[62] Así que, de la misma manera que planificas ser productivo con tu lista de tareas, has de planificar proactivamente reponerte con tu lista de cosas para relajarte. Esta semana reserva unos tiempos fijos para relajarte y tómatelos tan en serio como cualquier otro compromiso adquirido.

Mi buena acción del día

____
____

¿Cómo voy a mejorar?

____
____

Grandes cosas que he experimentado hoy

1. ______________________________
2. ______________________________
3. ______________________________

Doy gracias por...

1. ___________
2. ___________
3. ___________

Así es cómo voy a conseguir que hoy sea un gran día

La afirmación positiva

“

Tu capacidad para generar poder es directamente proporcional a tu capacidad para relajarte.

DAVID ALLEN

”

Mi buena acción del día

¿Cómo voy a mejorar?

Grandes cosas que he experimentado hoy

1. ___________
2. ___________
3. ___________

Doy gracias por…

1.
2.
3.

Así es cómo voy a conseguir que hoy sea un gran día

La afirmación positiva

No temas crecer poco a poco, solo has de temer permanecer estático.

PROVERBIO CHINO

Mi buena acción del día

¿Cómo voy a mejorar?

Grandes cosas que he experimentado hoy

1.
2.
3.

Doy gracias por…

1. ______
2. ______
3. ______

Así es cómo voy a conseguir que hoy sea un gran día

______
______
______
______
______

La afirmación positiva

______
______

“

Baila como si no te mirara nadie. Ama como si nunca te hubieran herido. Canta como si nadie te estuviera escuchando. Vive como si fuera el cielo en la Tierra.

MARK TWAIN

”

Mi buena acción del día

______
______

¿Cómo voy a mejorar?

______
______

Grandes cosas que he experimentado hoy

1. ______
2. ______
3. ______

LMMJVSD ____________

Doy gracias por...

1. ______________________________
2. ______________________________
3. ______________________________

Así es cómo voy a conseguir que hoy sea un gran día

____
____
____
____
____

La afirmación positiva

____
____

> ***No hay nada en el mundo que sea más contagioso que la risa y el buen humor.***
>
> CHARLES DICKENS

Mi buena acción del día

____
____

¿Cómo voy a mejorar?

____
____

Grandes cosas que he experimentado hoy

1. ______________________________
2. ______________________________
3. ______________________________

LMMJVSD ____________

Doy gracias por…

1. ______
2. ______
3. ______

Así es cómo voy a conseguir que hoy sea un gran día

______

La afirmación positiva

______

La cumbre de la felicidad se alcanza cuando la persona está dispuesta a ser lo que es.

ERASMO DE RÓTERDAM

Mi buena acción del día

______

¿Cómo voy a mejorar?

______

Grandes cosas que he experimentado hoy

1. ______
2. ______
3. ______

LMMJVSD ____________

Doy gracias por...

1. ____________
2. ____________
3. ____________

Así es cómo voy a conseguir que hoy sea un gran día

____
____
____
____
____

La afirmación positiva

____
____

Disfruta de las cosas pequeñas de la vida, porque un día mirarás atrás, y te darás cuenta de que esas eran las grandes cosas.

KURT VONNEGUT

Mi buena acción del día

____
____

¿Cómo voy a mejorar?

____
____

Grandes cosas que he experimentado hoy

- ____________
- ____________
- ____________

¿Cómo crees que tu pareja o amigo o amiga te describiría en una frase? Ahora, pídele que te describa, y, luego, compara tu valoración personal con lo que ha dicho.

Lo que tú piensas:

Lo que ha dicho tu pareja:

¿Qué es lo que más te gusta de la ciudad o del pueblo en el que vives?

Si pudieras elegir entre las empresas del mundo, ¿para cuál te gustaría más trabajar?

¿Crees en algo que los demás piensan que es una locura? ¿Qué piensas que es cierto aunque muchas personas crean lo contrario?

¿Cuándo fue la última vez que estuviste unos días o un día sin Internet? ¿Cómo fueron esos días?

LAS NOTAS DE LA SEMANA

Estado de ánimo general:	1	2	3	4	5	6	7	8	9	10
Gratitud:	1	2	3	4	5	6	7	8	9	10
Ser consciente:	1	2	3	4	5	6	7	8	9	10
Familia:	1	2	3	4	5	6	7	8	9	10
Amigos:	1	2	3	4	5	6	7	8	9	10
Asociaciones:	1	2	3	4	5	6	7	8	9	10
Diversión:	1	2	3	4	5	6	7	8	9	10
Calma y serenidad:	1	2	3	4	5	6	7	8	9	10
Tiempo para ti:	1	2	3	4	5	6	7	8	9	10
Comer sano:	1	2	3	4	5	6	7	8	9	10
Beber agua:	1	2	3	4	5	6	7	8	9	10
Ejercicio y movimiento:	1	2	3	4	5	6	7	8	9	10
Salir:	1	2	3	4	5	6	7	8	9	10
Salud:	1	2	3	4	5	6	7	8	9	10
Creatividad:	1	2	3	4	5	6	7	8	9	10
Finanzas:	1	2	3	4	5	6	7	8	9	10
Trabajo y educación:	1	2	3	4	5	6	7	8	9	10
Pensamientos y emociones:	1	2	3	4	5	6	7	8	9	10
El presente:	1	2	3	4	5	6	7	8	9	10
El futuro:	1	2	3	4	5	6	7	8	9	10

TU RASTREADOR DE HÁBITOS

1	2	3	4	5	6	7	8	9	10	11	12	13	14	15	16
17	18	19	20	21	22	23	24	25	26	27	28	29	30	31	

1	2	3	4	5	6	7	8	9	10	11	12	13	14	15	16
17	18	19	20	21	22	23	24	25	26	27	28	29	30	31	

1	2	3	4	5	6	7	8	9	10	11	12	13	14	15	16
17	18	19	20	21	22	23	24	25	26	27	28	29	30	31	

LMMJVSD ______________

Doy gracias por...

1. ______________________________
2. ______________________________
3. ______________________________

Así es cómo voy a conseguir que hoy sea un gran día

____
____
____
____
____

La afirmación positiva

____
____

El reto de la semana:

Esta semana te recompensarás con las versiones análogas de Internet. Amazon = ir al centro comercial. Facebook = dile a un amigo o amiga que te gusta como persona. Google = ve a una biblioteca. Snapchat = haz caras divertidas delante del espejo. Instagram = sal a comer o haz ejercicio. Presta atención a cómo te sientes después y saca tus propias conclusiones.

Mi buena acción del día

____
____

¿Cómo voy a mejorar?

____
____

Grandes cosas que he experimentado hoy

- ______________________________
- ______________________________
- ______________________________

LMMJVSD ____________

Doy gracias por…

1. ____________
2. ____________
3. ____________

Así es cómo voy a conseguir que hoy sea un gran día

La afirmación positiva

> ***Ahora estamos conectados 24 horas. Todos formamos parte de una gran máquina, tanto si somos conscientes de ello como si no. Si no podemos desconectar de esa máquina, al final, careceremos de mente.***
>
> ALAN LIGHTMAN

Mi buena acción del día

¿Cómo voy a mejorar?

Grandes cosas que he experimentado hoy

1. ____________
2. ____________
3. ____________

LMMJVSD

Doy gracias por…

1.

2.

3.

Así es cómo voy a conseguir que hoy sea un gran día

La afirmación positiva

La vida no es para encontrarte a ti mismo.
La vida es para crearte a ti mismo.

GEORGE BERNARD SHAW

Mi buena acción del día

¿Cómo voy a mejorar?

Grandes cosas que he experimentado hoy

-
-
-

Doy gracias por…

1. ______________________________
2. ______________________________
3. ______________________________

Así es cómo voy a conseguir que hoy sea un gran día

La afirmación positiva

La forma de desarrollar lo mejor que hay en cada persona es apreciándola y dándole ánimos.

CHARLES SCHWAB

Mi buena acción del día

¿Cómo voy a mejorar?

Grandes cosas que he experimentado hoy

1. ______________________________
2. ______________________________
3. ______________________________

LMMJVSD ____________

Doy gracias por...

1. ______________________________

2. ______________________________

3. ______________________________

Así es cómo voy a conseguir que hoy sea un gran día

____

____

____

____

____

La afirmación positiva

____

____

Los débiles jamás pueden perdonar.
El perdón es el atributo de los fuertes.

MAHATMA GANDHI

Mi buena acción del día

____

____

¿Cómo voy a mejorar?

____

____

Grandes cosas que he experimentado hoy

____

____

____

Doy gracias por…

1. ____________________
2. ____________________
3. ____________________

Así es cómo voy a conseguir que hoy sea un gran día

La afirmación positiva

> ***Si algo no te gusta, cámbialo.***
> ***Si no puedes cambiarlo, cambia de actitud.***
>
> MAYA ANGELOU

Mi buena acción del día

¿Cómo voy a mejorar?

Grandes cosas que he experimentado hoy

1. ____________________
2. ____________________
3. ____________________

LMMJVSD ___________

Doy gracias por...

1. ___
2. ___
3. ___

Así es cómo voy a conseguir que hoy sea un gran día

La afirmación positiva

> ***Las mejores y más bellas cosas de la vida no se pueden ver o tocar, se han de sentir con el corazón.***
>
> HELEN KELLER

Mi buena acción del día

¿Cómo voy a mejorar?

Grandes cosas que he experimentado hoy

1. ___
2. ___
3. ___

¿Cuáles son las cinco razones principales por las que la vida vale la pena?

¿Cómo dices «No» a las distracciones, invitaciones y todo el resto de actividades que no coinciden con tus prioridades? ¿Cómo podrías mejorar tu forma de decir «No» a tales cosas en el futuro?

¿En qué te diferencias de la mayor parte de las personas que conoces? ¿Cómo te sientes respecto a esas diferencias?

En los últimos años, ¿cuáles han sido tus principales metas en la vida? ¿Eran realmente tus metas o simplemente creías que tenían que serlo?

Hablemos de sexo. ¿Cuándo has tenido el mejor sexo de tu vida? ¿Por qué fue el mejor?

LMMJVSD ____________

Doy gracias por…

1. ____________
2. ____________
3. ____________

Así es cómo voy a conseguir que hoy sea un gran día

____
____
____
____
____

La afirmación positiva

____
____

El reto de la semana:

En un mundo de tiempo limitado y opciones ilimitadas, dominar el engañoso arte de decir «No», no es otra cosa que decir «Sí» a tus prioridades y necesidades. Esta semana cambiarás tu lenguaje y serás sincero contigo mismo y con los demás sobre qué es lo que más te importa. En vez de decir «Ahora estoy ocupado…» o «No tengo tiempo para…», di «No es mi prioridad en este momento».

Mi buena acción del día

____
____

¿Cómo voy a mejorar?

____
____

Grandes cosas que he experimentado hoy

1. ____________
2. ____________
3. ____________

LMMJVSD ____________

Doy gracias por…

1. ______________________________
2. ______________________________
3. ______________________________

Así es cómo voy a conseguir que hoy sea un gran día

____
____
____
____
____

La afirmación positiva

____
____

La mitad de los problemas de esta vida se deben a decir «sí» demasiado deprisa y a no saber decir «no» a tiempo.

JOSH BILLINGS

Mi buena acción del día

____
____

¿Cómo voy a mejorar?

____
____

Grandes cosas que he experimentado hoy

1. ______________________________
2. ______________________________
3. ______________________________

LMMJVSD ____________

Doy gracias por...

1. ____________
2. ____________
3. ____________

Así es cómo voy a conseguir que hoy sea un gran día

La afirmación positiva

> ***Nunca podrás dejar huellas duraderas si siempre caminas de puntillas.***
>
> LEYMAH GBOWEE

Mi buena acción del día

¿Cómo voy a mejorar?

Grandes cosas que he experimentado hoy

1. ____________
2. ____________
3. ____________

Doy gracias por…

1. ______________________
2. ______________________
3. ______________________

Así es cómo voy a conseguir que hoy sea un gran día

____

____

____

____

____

La afirmación positiva

____

____

> *Ningún hombre cruza dos veces el mismo río,*
> *pues ni el río es el mismo río, ni él es el mismo hombre.*
>
> HERÁCLITO

Mi buena acción del día

____

____

¿Cómo voy a mejorar?

____

____

Grandes cosas que he experimentado hoy

1. ______________________
2. ______________________
3. ______________________

L M M J V S D ____________

Doy gracias por...

1. ____________
2. ____________
3. ____________

Así es cómo voy a conseguir que hoy sea un gran día

____
____
____
____
____

La afirmación positiva

____
____

> ***Todo aquello que merece la pena tener merece la espera.***
>
> SUSAN ELIZABETH PHILLIPS

Mi buena acción del día

____
____

¿Cómo voy a mejorar?

____
____

Grandes cosas que he experimentado hoy

1. ____________
2. ____________
3. ____________

Doy gracias por…

1. ____________
2. ____________
3. ____________

Así es cómo voy a conseguir que hoy sea un gran día

____
____
____
____
____

La afirmación positiva

____
____

“*Hemos de aceptar la decepción finita, pero jamás hemos de perder la esperanza infinita.*”

MARTIN LUTHER KING

Mi buena acción del día

____
____

¿Cómo voy a mejorar?

____
____

Grandes cosas que he experimentado hoy

1. ____________
2. ____________
3. ____________

Doy gracias por...

1. ______
2. ______
3. ______

Así es cómo voy a conseguir que hoy sea un gran día

______

La afirmación positiva

______

> ***Por cada minuto de enfado, pierdes 60 segundos de felicidad.***
>
> RALPH WALDO EMERSON

Mi buena acción del día

______

¿Cómo voy a mejorar?

______

Grandes cosas que he experimentado hoy

1. ______
2. ______
3. ______

¿Qué es lo que más te motiva para levantarte por la mañana? ¿De dónde surge la mayor parte de tu energía? ¿Hay alguna manera de integrar más de eso en tu vida?

¿Cuáles son tus valores fundamentales?
¿Vives de acuerdo a esos valores y creencias en tu día a día?

¿Puedes perdonar a quienes te han hecho daño, dejar atrás los sentimientos más duros y seguir adelante? ¿Cuándo ha sido la última vez que lo hiciste?

En tu opinión, ¿cuál es la mayor injusticia y por qué?
¿Qué haces para paliar esa injusticia?

¿Por quién pagarías el rescate más alto?
¿Y quién crees que pagaría el rescate más alto por ti?

LMMJVSD ___________

Doy gracias por…

1. ______________________________
2. ______________________________
3. ______________________________

Así es cómo voy a conseguir que hoy sea un gran día

____

____

____

____

____

La afirmación positiva

____

____

El reto de la semana:

Perdonar y dejar ir puede ser tan difícil como liberador. Te quita un peso de los hombros y crea espacios para que lleguen cosas nuevas a tu vida. Hace 2.500 años, Buda ya dijo que dejar ir era la «llave de la felicidad». Esta semana, intenta dejar ir y perdonar a alguien. Gira la llave y deja tus emociones reprimidas al otro lado de la puerta.

Mi buena acción del día

____

____

¿Cómo voy a mejorar?

____

____

Grandes cosas que he experimentado hoy

1. ______________________________
2. ______________________________
3. ______________________________

Doy gracias por…

1. ______________________________
2. ______________________________
3. ______________________________

Así es cómo voy a conseguir que hoy sea un gran día

____

____

____

____

____

La afirmación positiva

____

____

> ***Cualquier idiota puede criticar, quejarse y condenar, y la mayoría de ellos lo hacen. Pero el autocontrol para ser comprensivo y perdonar requiere carácter.***
>
> DALE CARNEGIE

Mi buena acción del día

____

____

¿Cómo voy a mejorar?

____

____

Grandes cosas que he experimentado hoy

1. ______________________________
2. ______________________________
3. ______________________________

LMMJVSD ____________

Doy gracias por…

1. ____________
2. ____________
3. ____________

Así es cómo voy a conseguir que hoy sea un gran día

____
____
____
____
____

La afirmación positiva

____
____

> ***A las personas que saben sacar el mayor partido de la forma en que les salen las cosas todo les va mejor.***
>
> JOHN WOODEN

Mi buena acción del día

____
____

¿Cómo voy a mejorar?

____
____

Grandes cosas que he experimentado hoy

1. ____________
2. ____________
3. ____________

LMMJVSD ____________

Doy gracias por…

1. ______
2. ______
3. ______

Así es cómo voy a conseguir que hoy sea un gran día

La afirmación positiva

> ***Todo el mundo es un genio. Pero si juzgas a un pez por su habilidad de trepar a un árbol, este vivirá toda su vida pensando que es estúpido.***
>
> ALBERT EINSTEIN

Mi buena acción del día

¿Cómo voy a mejorar?

Grandes cosas que he experimentado hoy

1. ______
2. ______
3. ______

LMMJVSD ___________

Doy gracias por…

1. ______
2. ______
3. ______

Así es cómo voy a conseguir que hoy sea un gran día

La afirmación positiva

Buscar la felicidad en las cosas materiales es una forma segura de ser infeliz.

PAPA FRANCISCO

Mi buena acción del día

¿Cómo voy a mejorar?

Grandes cosas que he experimentado hoy

1. ______
2. ______
3. ______

LMMJVSD ______________

Doy gracias por…

1. ______________________________
2. ______________________________
3. ______________________________

Así es cómo voy a conseguir que hoy sea un gran día

____
____
____
____
____

La afirmación positiva

____
____

> ***La razón por la que no nos atrevemos no es porque las cosas sean difíciles, son difíciles porque no nos atrevemos.***
>
> LUCIO ANNEO SÉNECA

Mi buena acción del día

____
____

¿Cómo voy a mejorar?

____
____

Grandes cosas que he experimentado hoy

1. ______________________________
2. ______________________________
3. ______________________________

LMMJVSD ______________

Doy gracias por...

1. ______________________________
2. ______________________________
3. ______________________________

Así es cómo voy a conseguir que hoy sea un gran día

____
____
____
____
____

La afirmación positiva

____
____

> *Ama la vida que tienes. Vive la vida que amas.*
>
> BOB MARLEY

Mi buena acción del día

____
____

¿Cómo voy a mejorar?

____
____

Grandes cosas que he experimentado hoy

1. ______________________________
2. ______________________________
3. ______________________________

¿Cuál fue tu última gran equivocación y cuál ha sido siempre tu favorita? ¿Qué has aprendido de ellas?

Si pudieras revivir un día de tu vida exactamente de la misma manera, ¿qué día sería? ¿Qué fue tan especial aquel día?

Ha llegado el momento de cambiar de perspectiva. ¿Hay alguna decisión importante que no puedes tomar porque estás destrozado? Seguramente, conoces a alguien con quien no sueles estar muy de acuerdo pero cuya opinión valoras mucho. ¿Qué te diría esa persona de tu dilema?

¿Qué quedaría de ti si tuvieras que dar todas tus pertenencias y abandonar tus relaciones?

¿Preferirías ser: increíblemente atractivo, un genio excepcional, un actor famoso en el mundo entero o un filántropo multimillonario? Explica por qué.

LMMJVSD ___________

Doy gracias por...

1. ____________________
2. ____________________
3. ____________________

Así es cómo voy a conseguir que hoy sea un gran día

____

____

____

____

____

La afirmación positiva

____

____

El reto de la semana:

Si esta semana te preocupa algo, recurre a una herramienta que siempre llevas encima: tu respiración. Concéntrate en respirar lentamente por la nariz y en expulsar el aire aún más lentamente por la boca. Identifica tus emociones, en lugar de que sean estas las que te identifiquen a ti. Puede parecer un consejo un poco esotérico, pero lo que importa es que funciona y que te calma en cuestión de segundos.

Mi buena acción del día

____

____

¿Cómo voy a mejorar?

____

____

Grandes cosas que he experimentado hoy

1. ____________________
2. ____________________
3. ____________________

LMMJVSD ____________

Doy gracias por...

1. ______
2. ______
3. ______

Así es cómo voy a conseguir que hoy sea un gran día

La afirmación positiva

> *Cuando eres el amo de tu respiración, nadie puede robarte la paz.*
>
> ANÓNIMO

Mi buena acción del día

¿Cómo voy a mejorar?

Grandes cosas que he experimentado hoy

1. ______
2. ______
3. ______

LMMJVSD ____________

Doy gracias por…

1. ____________
2. ____________
3. ____________

Así es cómo voy a conseguir que hoy sea un gran día

____

La afirmación positiva

____

Algunas personas siempre se quejan de que las rosas tienen espinas; doy gracias de que las espinas tengan rosas.

ALPHONSE KARR

Mi buena acción del día

____

¿Cómo voy a mejorar?

____

Grandes cosas que he experimentado hoy

1. ____________
2. ____________
3. ____________

LMMJVSD ____________

Doy gracias por…

1. ______________________________
2. ______________________________
3. ______________________________

Así es cómo voy a conseguir que hoy sea un gran día

____
____
____
____
____

La afirmación positiva

____
____

> ***Es importante hacer de la vida un sueño, y del sueño una realidad.***
>
> MARIE CURIE

Mi buena acción del día

____
____

¿Cómo voy a mejorar?

____
____

Grandes cosas que he experimentado hoy

1. ______________________________
2. ______________________________
3. ______________________________

LMMJVSD ____________

Doy gracias por...

1. ____________
2. ____________
3. ____________

Así es cómo voy a conseguir que hoy sea un gran día

____

La afirmación positiva

____

“

Para el mundo puede que solo seas una persona, pero para una persona puede que tú seas el mundo.

BRANDI SNYDER

”

Mi buena acción del día

____

¿Cómo voy a mejorar?

____

Grandes cosas que he experimentado hoy

1. ____________
2. ____________
3. ____________

LMMJVSD ____________

Doy gracias por…

1. ____________
2. ____________
3. ____________

Así es cómo voy a conseguir que hoy sea un gran día

____
____
____
____
____

La afirmación positiva

____
____

> *Si haces lo que siempre has hecho,*
> *obtendrás lo que siempre has obtenido.*
>
> TONY ROBBINS

Mi buena acción del día

____
____

¿Cómo voy a mejorar?

____
____

Grandes cosas que he experimentado hoy

1. ____________
2. ____________
3. ____________

Doy gracias por…

1. ______________________
2. ______________________
3. ______________________

Así es cómo voy a conseguir que hoy sea un gran día

____

La afirmación positiva

____

Sé tú mismo y di lo que sientes, porque a aquellos a quienes les molesta no importan, y a aquellos que te importan no les molesta.

DOCTOR SEUSS

Mi buena acción del día

____

¿Cómo voy a mejorar?

____

Grandes cosas que he experimentado hoy

1. ______________________
2. ______________________
3. ______________________

Todos desempeñamos diferentes papeles en nuestra vida (hijo, compañero de trabajo, madre, inquilino, mejor amigo, persona de apoyo...) ¿Qué papeles desempeñas tú en este momento? ¿Cuáles te gustan y cuáles no tanto? ¿Por qué?

Si tuvieras que pasar el resto de tu vida con una persona en una isla desierta, ¿con quién sería y por qué?

¿Cuál es la mayor transformación que has vivido hasta ahora y qué fue lo que la provocó?

Si pudieras elegir entre dos personas de tu presente o de tu pasado para que fueran tus mentores o profesores, ¿quiénes serían y por qué?

¿Tienes actualmente alguna obsesión o hábito inusual? Si es así, ¿cómo te sientes al respecto?

Estado de ánimo general:	1	2	3	4	5	6	7	8	9	10
Gratitud:	1	2	3	4	5	6	7	8	9	10
Ser consciente:	1	2	3	4	5	6	7	8	9	10
Familia:	1	2	3	4	5	6	7	8	9	10
Amigos:	1	2	3	4	5	6	7	8	9	10
Asociaciones:	1	2	3	4	5	6	7	8	9	10
Diversión:	1	2	3	4	5	6	7	8	9	10
Calma y serenidad:	1	2	3	4	5	6	7	8	9	10
Tiempo para ti:	1	2	3	4	5	6	7	8	9	10
Comer sano:	1	2	3	4	5	6	7	8	9	10
Beber agua:	1	2	3	4	5	6	7	8	9	10
Ejercicio y movimiento:	1	2	3	4	5	6	7	8	9	10
Salir:	1	2	3	4	5	6	7	8	9	10
Salud:	1	2	3	4	5	6	7	8	9	10
Creatividad:	1	2	3	4	5	6	7	8	9	10
Finanzas:	1	2	3	4	5	6	7	8	9	10
Trabajo y educación:	1	2	3	4	5	6	7	8	9	10
Pensamientos y emociones:	1	2	3	4	5	6	7	8	9	10
El presente:	1	2	3	4	5	6	7	8	9	10
El futuro:	1	2	3	4	5	6	7	8	9	10

TU RASTREADOR DE HÁBITOS

	2	3	4	5	6	7	8	9	10	11	12	13	14	15	16
7	18	19	20	21	22	23	24	25	26	27	28	29	30	31	

	2	3	4	5	6	7	8	9	10	11	12	13	14	15	16
7	18	19	20	21	22	23	24	25	26	27	28	29	30	31	

	2	3	4	5	6	7	8	9	10	11	12	13	14	15	16
7	18	19	20	21	22	23	24	25	26	27	28	29	30	31	

L M M J V S D ___________

Doy gracias por...

1. ______________________
2. ______________________
3. ______________________

Así es cómo voy a conseguir que hoy sea un gran día

La afirmación positiva

El reto de la semana:

Todos tenemos algo que nos motiva. Incentiva a alguien, que últimamente haya estado desmotivado, comunicándole que confías en sus habilidades. Anímale a perseguir sus objetivos y dale el impulso motivacional que le falta en estos momentos.

Mi buena acción del día

¿Cómo voy a mejorar?

Grandes cosas que he experimentado hoy

1. ______________________
2. ______________________
3. ______________________

LMMJVSD ___________

Doy gracias por…

1. ______
2. ______
3. ______

Así es cómo voy a conseguir que hoy sea un gran día

La afirmación positiva

> ***Trata a las personas como si fueran como deberían ser y así las ayudarás a convertirse en lo que son capaces de ser.***
>
> JOHANN WOLFGANG VON GOETHE

Mi buena acción del día

¿Cómo voy a mejorar?

Grandes cosas que he experimentado hoy

1. ______
2. ______
3. ______

LMMJVSD ____________

Doy gracias por…

1. ____________
2. ____________
3. ____________

Así es cómo voy a conseguir que hoy sea un gran día

La afirmación positiva

> *Nunca se es demasiado viejo para fijarse otra meta o soñar un nuevo sueño.*
>
> C. S. LEWIS

Mi buena acción del día

¿Cómo voy a mejorar?

Grandes cosas que he experimentado hoy

1. ____________
2. ____________
3. ____________

LMMJVSD _______________

Doy gracias por…

1. ______________________________

2. ______________________________

3. ______________________________

Así es cómo voy a conseguir que hoy sea un gran día

____

____

____

____

____

La afirmación positiva

____

____

Dad palabras al dolor. La desgracia que no es expresada murmura al corazón angustiado y le invita a romperse.

WILLIAM SHAKESPEARE

Mi buena acción del día

____

____

¿Cómo voy a mejorar?

____

____

Grandes cosas que he experimentado hoy

1. ______________________________

2. ______________________________

3. ______________________________

Doy gracias por...

1. ____________
2. ____________
3. ____________

Así es cómo voy a conseguir que hoy sea un gran día

____
____
____
____
____

La afirmación positiva

____
____

Vivir es lo más raro de este mundo.
La mayoría de las personas existen, eso es todo.

OSCAR WILDE

Mi buena acción del día

____
____

¿Cómo voy a mejorar?

____
____

Grandes cosas que he experimentado hoy

1. ____________
2. ____________
3. ____________

LMMJVSD ____________

Doy gracias por...

1. ____________
2. ____________
3. ____________

Así es cómo voy a conseguir que hoy sea un gran día

La afirmación positiva

> ***Si juzgas a las personas,***
> ***no tienes tiempo para amarlas.***
>
> MADRE TERESA

Mi buena acción del día

¿Cómo voy a mejorar?

Grandes cosas que he experimentado hoy

1. ____________
2. ____________
3. ____________

LMMJVSD ___________

Doy gracias por...

1. ______
2. ______
3. ______

Así es cómo voy a conseguir que hoy sea un gran día

La afirmación positiva

> ***Deja de pensar que la gratitud es una consecuencia de tus circunstancias y empieza a considerarla como una forma de ver el mundo.***
>
> BRYAN ROBLES

Mi buena acción del día

¿Cómo voy a mejorar?

Grandes cosas que he experimentado hoy

1. ______
2. ______
3. ______

Piensa en una meta que hayas conseguido recientemente en tu vida. ¿Qué obstáculos has tenido que superar en el camino? ¿Por qué te marcaste esta meta?

Si mañana pudieras levantarte con una nueva habilidad, ¿cuál sería y por qué sería esa en particular?

¿Qué decisión ha sido la más trascendental en tu vida hasta el momento? ¿Cómo vas a afrontar la siguiente gran decisión que actualmente está en proceso?

¿En quién has estado pensando mucho recientemente? ¿Qué puede significar?

¿Eres una persona con la que te gustaría pasar el resto de tu vida? Explica por qué sí o no.

Doy gracias por…

1. ____________
2. ____________
3. ____________

Así es cómo voy a conseguir que hoy sea un gran día

____

____

____

____

____

La afirmación positiva

____

____

El reto de la semana:

No importa que sea pequeño o grande, un cumplido sincero no cuesta nada, no te lleva tiempo y puede cambiarle por completo el día a una persona. Sal a la calle y dedícale un cumplido a alguien. Dile al chico que está en la parada del autobús que lleva una chaqueta muy bonita, dile a la mujer que se ha sentado a tu lado en el cine que tiene una risa muy contagiosa, o elogia al cartero por ser siempre tan simpático.

Mi buena acción del día

____

____

¿Cómo voy a mejorar?

____

____

Grandes cosas que he experimentado hoy

1. ____________
2. ____________
3. ____________

Doy gracias por…

1. ____________
2. ____________
3. ____________

Así es cómo voy a conseguir que hoy sea un gran día

____

____

____

____

____

La afirmación positiva

____

____

Puedo vivir dos meses con un buen cumplido.

MARK TWAIN

Mi buena acción del día

____

____

¿Cómo voy a mejorar?

____

____

Grandes cosas que he experimentado hoy

1. ____________
2. ____________
3. ____________

LMMJVSD ____________

Doy gracias por...

1. ____________
2. ____________
3. ____________

Así es cómo voy a conseguir que hoy sea un gran día

____
____
____
____
____

La afirmación positiva

____
____

> ***No temas abandonar lo bueno para ir a por lo grande.***
> JOHN D. ROCKEFELLER

Mi buena acción del día

____
____

¿Cómo voy a mejorar?

____
____

Grandes cosas que he experimentado hoy

1. ____________
2. ____________
3. ____________

LMMJVSD ____________

Doy gracias por…

1. ____________
2. ____________
3. ____________

Así es cómo voy a conseguir que hoy sea un gran día

La afirmación positiva

> ***La salud supera a todos los bienes externos, un mendigo sano, verdaderamente, es mucho más afortunado que un rey con mala salud.***
>
> ARTHUR SCHOPENHAUER

Mi buena acción del día

¿Cómo voy a mejorar?

Grandes cosas que he experimentado hoy

1. ____________
2. ____________
3. ____________

LMMJVSD ______________

Doy gracias por…

1. ______________________________
2. ______________________________
3. ______________________________

Así es cómo voy a conseguir que hoy sea un gran día

____
____
____
____
____

La afirmación positiva

____
____

La libertad de la Humanidad no se encuentra en el hecho de que podemos hacer lo que nos plazca, sino en que no tenemos que hacer lo que no queremos.

JEAN JAQUES ROUSSEAU

Mi buena acción del día

____
____

¿Cómo voy a mejorar?

____
____

Grandes cosas que he experimentado hoy

1. ______________________________
2. ______________________________
3. ______________________________

LMMJVSD ___________

Doy gracias por…

1. ______________________________
2. ______________________________
3. ______________________________

Así es cómo voy a conseguir que hoy sea un gran día

____
____
____
____
____

La afirmación positiva

____
____

“

La belleza está en todo,
pero no todo el mundo puede verla.

CONFUCIO

”

Mi buena acción del día

____
____

¿Cómo voy a mejorar?

____
____

Grandes cosas que he experimentado hoy

1. ______________________________
2. ______________________________
3. ______________________________

LMMJVSD ____________

Doy gracias por...

1. ____________
2. ____________
3. ____________

Así es cómo voy a conseguir que hoy sea un gran día

La afirmación positiva

> ***El único hombre sensato es mi sastre. Cada vez que me ve me toma medidas. El resto siguen con sus viejas medidas y pretenden que yo encaje en ellas.***
>
> GEORGE BERNARD SHAW

Mi buena acción del día

¿Cómo voy a mejorar?

Grandes cosas que he experimentado hoy

1. ____________
2. ____________
3. ____________

¿Qué lema podrías aplicar a tu vida hasta la fecha? ¿Por qué? ¿Quieres que tu vida en el futuro siga caracterizándose por ese mismo lema?

¿Qué conductas o hábitos que has adoptado en los últimos años han mejorado significativamente tu vida?

Si pudieras alcanzar una meta personal con un chasquido de dedos, ¿cuál sería? ¿Qué pequeño paso podrías dar ahora para empezar a poner en marcha el engranaje?

Si preguntaras a tus padres, a tu pareja o a tu mejor amigo o amiga en qué podrías mejorar, ¿qué crees que responderían?

¿Quién te ha parecido más atractivo hasta el día de hoy y qué es lo que más te atraía de esta persona? ¿Qué aspectos te parecen más atractivos en una persona?

LMMJVSD ____________

Doy gracias por…

1. ____________
2. ____________
3. ____________

Así es cómo voy a conseguir que hoy sea un gran día

____

____

____

____

____

La afirmación positiva

____

____

El reto de la semana:

Los estudios han demostrado que la sustancia gris solo se activa cuando desconectas y no estás haciendo una tarea en particular. Tómate unos minutos para aflojar la marcha cuando tengas un día ajetreado. Respira, desconecta, dale rienda suelta a tu mente y a tu fantasía. Los investigadores del cerebro han descubierto que esto te ayuda a que seas un 41% más creativo y productivo durante las fases de trabajo que vienen a continuación.[64]

Mi buena acción del día

____

____

¿Cómo voy a mejorar?

____

____

Grandes cosas que he experimentado hoy

1. ____________
2. ____________
3. ____________

Doy gracias por...

1. ____________
2. ____________
3. ____________

Así es cómo voy a conseguir que hoy sea un gran día

____

____

____

____

____

La afirmación positiva

____

____

> ***En esta era en la que imperan los medios, la multitarea y el estar siempre conectados, muchos hemos olvidado cómo desconectarnos y sumergirnos completamente en el momento. Hemos olvidado cómo ir más despacio.***
>
> CARL HONORÉ

Mi buena acción del día

____

____

¿Cómo voy a mejorar?

____

____

Grandes cosas que he experimentado hoy

1. ____________
2. ____________
3. ____________

Doy gracias por...

1. ____________
2. ____________
3. ____________

Así es cómo voy a conseguir que hoy sea un gran día

____

La afirmación positiva

____

No aprendes a caminar siguiendo unas reglas.
Aprendes a caminar haciendo y cayendo.

RICHARD BRANSON

Mi buena acción del día

____

¿Cómo voy a mejorar?

____

Grandes cosas que he experimentado hoy

1. ____________
2. ____________
3. ____________

LMMJVSD ____________

Doy gracias por…

1. ____________
2. ____________
3. ____________

Así es cómo voy a conseguir que hoy sea un gran día

____

La afirmación positiva

____

> *El mundo nos rompe a todos y, después,*
> *muchos se vuelven más fuertes en los lugares rotos.*
>
> ERNEST HEMINGWAY

Mi buena acción del día

____

¿Cómo voy a mejorar?

____

Grandes cosas que he experimentado hoy

1. ____________
2. ____________
3. ____________

Doy gracias por…

1. ____________
2. ____________
3. ____________

Así es cómo voy a conseguir que hoy sea un gran día

La afirmación positiva

“

Hasta con las piedras que se interponen en tu camino puedes crear algo hermoso.

JOHANN WOLFGANG VON GOETHE

”

Mi buena acción del día

¿Cómo voy a mejorar?

Grandes cosas que he experimentado hoy

1. ____________
2. ____________
3. ____________

L M M J V S D ______________

Doy gracias por…

1. ______________________________
2. ______________________________
3. ______________________________

Así es cómo voy a conseguir que hoy sea un gran día

____
____
____
____
____

La afirmación positiva

____
____

> ***Solo los que se arriesgan a ir demasiado lejos pueden descubrir lo lejos que podemos llegar.***
>
> T. S. ELIOT

Mi buena acción del día

____
____

¿Cómo voy a mejorar?

____
____

Grandes cosas que he experimentado hoy

1. ______________________________
2. ______________________________
3. ______________________________

Doy gracias por...

1. ____________
2. ____________
3. ____________

Así es cómo voy a conseguir que hoy sea un gran día

La afirmación positiva

El único límite para realizar nuestro mañana serán nuestras dudas de hoy.

FRANKLIN D. ROOSEVELT

Mi buena acción del día

¿Cómo voy a mejorar?

Grandes cosas que he experimentado hoy

1. ____________
2. ____________
3. ____________

¿Cuáles han sido las mejores vacaciones de tu vida y por qué fueron tan únicas?

¿Quién ha influido más en tu vida y cómo exactamente influyó en ti esa persona? ¿Quién crees que es la persona en la que más has influido?

¿Cuál es tu recuerdo más antiguo y cuál es tu mejor recuerdo de la niñez? Si ahora te imaginaras siendo pequeño, ¿qué estarías haciendo?

¿Qué película no te cansas de ver? ¿Qué libro podrías leer varias veces? ¿Y qué puede que revelen tus respuestas sobre ti?

¿Qué compra de valor inferior a 100 euros tuvo un efecto más positivo en tu vida el año pasado? ¿Qué te motivó a realizarla?

LMMJVSD ____________

Doy gracias por…

1. ______________________________
2. ______________________________
3. ______________________________

Así es cómo voy a conseguir que hoy sea un gran día

____
____
____
____
____

La afirmación positiva

____
____

El reto de la semana:

¿Por qué siempre necesitamos una ocasión especial para decirle a nuestros seres queridos cuánto nos importan? Esta semana nada contracorriente y escribe una nota bonita a alguien a quien quieras dar una sorpresa. No es el contenido, sino el pensamiento lo que cuenta. Deja que esa persona sepa que has pensado en ella. PD: ¿Qué te parece poner el mensaje en su bolsillo o monedero?

Mi buena acción del día

____
____

¿Cómo voy a mejorar?

____
____

Grandes cosas que he experimentado hoy

1. ______________________________
2. ______________________________
3. ______________________________

LMMJVSD ____________

Doy gracias por…

1. ____________
2. ____________
3. ____________

Así es cómo voy a conseguir que hoy sea un gran día

La afirmación positiva

> *Nuestras huellas no desaparecen de las vidas de las personas a las que les hemos llegado al corazón.*
>
> ROBERT PATTINSON

Mi buena acción del día

¿Cómo voy a mejorar?

Grandes cosas que he experimentado hoy

1. ____________
2. ____________
3. ____________

Check Out Receipt

Carlstadt - William E. Dermody Library

Monday, January 27, 2020 5:44:31 PM

Item: 39101910015545
Title: El diario de los 6 minutos : un planificador diario para una vida mejor
Material: Hardcover
Due: 02/24/2020

You just saved $17.00 by using your library. You have saved $17.00 this past year and $2,244.82 since you began using the library!

http://carlstadt.bccls.org

201-438-8866

carlcirc@bccls.org

LMMJVSD ____________

Doy gracias por...

1. ______________________________
2. ______________________________
3. ______________________________

Así es cómo voy a conseguir que hoy sea un gran día

La afirmación positiva

> ***No es necesario hacer cosas extraordinarias para obtener resultados extraordinarios.***
>
> WARREN BUFFET

Mi buena acción del día

¿Cómo voy a mejorar?

Grandes cosas que he experimentado hoy

1. ______________________________
2. ______________________________
3. ______________________________

L M M J V S D ____________

Doy gracias por...

1. ______
2. ______
3. ______

Así es cómo voy a conseguir que hoy sea un gran día

______

La afirmación positiva

______

"*No elijas al que es bello en el mundo, elige al que hace que tu mundo sea bello.*"

ALICE SEBOLD

Mi buena acción del día

______

¿Cómo voy a mejorar?

______

Grandes cosas que he experimentado hoy

1. ______
2. ______
3. ______

LMMJVSD ___________

Doy gracias por...

1. ____________________
2. ____________________
3. ____________________

Así es cómo voy a conseguir que hoy sea un gran día

La afirmación positiva

Si estamos tan ocupados teniendo éxito que no tenemos tiempo para ser felices, quizás deberíamos reconsiderar seriamente nuestro concepto de felicidad.

MARIA POPOVA

Mi buena acción del día

¿Cómo voy a mejorar?

Grandes cosas que he experimentado hoy

-
-
-

Doy gracias por...

1. ____________________
2. ____________________
3. ____________________

Así es cómo voy a conseguir que hoy sea un gran día

____

____

____

____

____

La afirmación positiva

____

____

> ***No puedo saber si las cosas mejorarán si nosotros cambiamos, lo que sí puedo decir es que estas han de cambiar para mejorar.***
>
> GEORG CHRISTOPH LICHTENBERG

Mi buena acción del día

____

____

¿Cómo voy a mejorar?

____

____

Grandes cosas que he experimentado hoy

1. ____________________
2. ____________________
3. ____________________

Doy gracias por...

1.
2.
3.

Así es cómo voy a conseguir que hoy sea un gran día

La afirmación positiva

Poco es lo que das cuando das tus posesiones. Das verdaderamente cuando das de ti mismo.

KHALIL GIBRAN

Mi buena acción del día

¿Cómo voy a mejorar?

Grandes cosas que he experimentado hoy

1.
2.
3.

¿Cuál ha sido la etapa más dura de tu vida? ¿Qué te ayudó a soportarla y a crecer a raíz de esa experiencia?

¿Qué tipo de persona eres cuando estás sola? ¿Qué te gusta hacer cuando estás solo?

¿Cómo te educaron tus padres? ¿Qué harías (o haces) igual o diferente con tus hijos?

¿En qué situaciones sientes que eres más tú mismo? ¿Hay situaciones en las que no te comportas como quien realmente eres?

Hora de sonreír: ¿cuándo fue la última vez que tuviste un ataque de risa? ¿Qué es lo que más te ha hecho sonreír esta semana?

Estado de ánimo general:	1	2	3	4	5	6	7	8	9	10
Gratitud:	1	2	3	4	5	6	7	8	9	10
Ser consciente:	1	2	3	4	5	6	7	8	9	10
Familia:	1	2	3	4	5	6	7	8	9	10
Amigos:	1	2	3	4	5	6	7	8	9	10
Asociaciones:	1	2	3	4	5	6	7	8	9	10
Diversión:	1	2	3	4	5	6	7	8	9	10
Calma y serenidad:	1	2	3	4	5	6	7	8	9	10
Tiempo para ti:	1	2	3	4	5	6	7	8	9	10
Comer sano:	1	2	3	4	5	6	7	8	9	10
Beber agua:	1	2	3	4	5	6	7	8	9	10
Ejercicio y movimiento:	1	2	3	4	5	6	7	8	9	10
Salir:	1	2	3	4	5	6	7	8	9	10
Salud:	1	2	3	4	5	6	7	8	9	10
Creatividad:	1	2	3	4	5	6	7	8	9	10
Finanzas:	1	2	3	4	5	6	7	8	9	10
Trabajo y educación:	1	2	3	4	5	6	7	8	9	10
Pensamientos y emociones:	1	2	3	4	5	6	7	8	9	10
El presente:	1	2	3	4	5	6	7	8	9	10
El futuro:	1	2	3	4	5	6	7	8	9	10

TU RASTREADOR DE HÁBITOS

1	2	3	4	5	6	7	8	9	10	11	12	13	14	15	16
17	18	19	20	21	22	23	24	25	26	27	28	29	30	31	

1	2	3	4	5	6	7	8	9	10	11	12	13	14	15	16
17	18	19	20	21	22	23	24	25	26	27	28	29	30	31	

1	2	3	4	5	6	7	8	9	10	11	12	13	14	15	16
17	18	19	20	21	22	23	24	25	26	27	28	29	30	31	

Un recordatorio
Amistoso

. . . solo quedan dos semanas.

El Diario de los 6 Minutos solo puede acompañarte durante dos semanas más. ¿Has disfrutado del camino hasta ahora? Si es así, sigue con tu viaje de felicidad diaria. Visita nuestro sitio web createurbestself.com y regálate tu siguiente compañero de viaje:

EL

DIARIO

De los 6 Minutos

Esta versión de seguimiento viene con una nueva rutina semanal, retos semanales totalmente nuevos y nuevas citas extraordinarias. Ensalzará tu felicidad durante otros seis meses; por consiguiente, junto con *El Diario de los 6 Minutos*, tendrás un año entero para convertirte en UrBestSelf (tu mejor versión).

En esta etapa del viaje, es muy probable que hábitos deseados como la gratitud, el ser consciente y el crecimiento personal, se hayan arraigado en ti gracias a la reflexión diaria. Pero, ¿qué pasa con los hábitos no deseados cuando ya no forman parte de tu vida? ¿Simplemente desaparecen? Por desgracia no, porque contrariamente a lo que podríamos suponer, los senderos neuronales de estos hábitos indeseados nunca acaban de desaparecer. De hecho, los hábitos arraigados (viejos o nuevos) son estructuras tangibles en nuestro cuerpo. Estas estructuras están localizadas en el área del cerebro donde se produce la formación de hábitos: los denominados ganglios basales. Una vez se ha arraigado un hábito en tu vida, también queda cimentado en los senderos neuronales del cerebro.[66] Por consiguiente, las estructuras neurológicas de los antiguos malos hábitos siguen integradas en nuestro cerebro, listas para ser reactivadas en cuanto nos despistemos de nuestros hábitos positivos recién adquiridos.[67]

Puesto que nuestras conductas del pasado están siempre a la vuelta de la esquina, a punto para ser reactivadas, has de asegurarte de que no vas a volver a caer en los viejos patrones. Sé disciplinado con tu rutina diaria, semanal y mensual, y haz que los cambios positivos pasen a formar parte de tu vida cotidiana. Cerciórate de que la gratitud sea tu actitud.

LMMJVSD ______________

Doy gracias por...

1. ______________________________
2. ______________________________
3. ______________________________

Así es cómo voy a conseguir que hoy sea un gran día

____
____
____
____
____

La afirmación positiva

____
____

El reto de la semana:

Los estudios revelan que somos mucho mejores detectando los errores de los demás que los nuestros.[65] A pesar de que te has forjado una firme opinión respecto a ti mismo, una opinión externa puede aportarte nuevos impulsos y suponer un alimento valioso para tu pensamiento. Entonces, ¿de quién es la opinión que más valoras? Pídele a esa persona que te diga cómo cree que podrías mejorar. En el peor de los casos, podrías aprender algo nuevo sobre ti :)

Mi buena acción del día

____
____

¿Cómo voy a mejorar?

____
____

Grandes cosas que he experimentado hoy

1. ______________________________
2. ______________________________
3. ______________________________

LMMJVSD ____________

Doy gracias por...

1. ____________
2. ____________
3. ____________

Así es cómo voy a conseguir que hoy sea un gran día

La afirmación positiva

> ***Aunque puedes ver las 7 faltas de los demás, no ves tus 10 faltas.***
>
> PROVERBIO JAPONÉS

Mi buena acción del día

¿Cómo voy a mejorar?

Grandes cosas que he experimentado hoy

1. ____________
2. ____________
3. ____________

LMMJVSD ____________

Doy gracias por…

1. ____________
2. ____________
3. ____________

Así es cómo voy a conseguir que hoy sea un gran día

____

____

____

____

____

La afirmación positiva

____

____

> ***La felicidad es un estado de plenitud interior, no la gratificación de los inagotables deseos por las cosas externas.***
>
> MATTHIEU RICARD

Mi buena acción del día

____

____

¿Cómo voy a mejorar?

____

____

Grandes cosas que he experimentado hoy

1. ____________
2. ____________
3. ____________

Doy gracias por...

1. ____________
2. ____________
3. ____________

Así es cómo voy a conseguir que hoy sea un gran día

____

____

____

____

____

La afirmación positiva

____

____

> ***Mi experiencia me ha enseñado que las personas que no tienen vicios tienen muy pocas virtudes.***
>
> ABRAHAM LINCOLN

Mi buena acción del día

____

____

¿Cómo voy a mejorar?

____

____

Grandes cosas que he experimentado hoy

1. ____________
2. ____________
3. ____________

LMMJVSD ____________

Doy gracias por…

1. ____________________
2. ____________________
3. ____________________

Así es cómo voy a conseguir que hoy sea un gran día

____
____
____
____
____

La afirmación positiva

____
____

> ***Si eres lo bastante valiente como para decir adiós, la vida te recompensará con un nuevo hola.***
>
> PAULO COELHO

Mi buena acción del día

____
____

¿Cómo voy a mejorar?

____
____

Grandes cosas que he experimentado hoy

1. ____________________
2. ____________________
3. ____________________

Doy gracias por…

1. ______________________________
2. ______________________________
3. ______________________________

Así es cómo voy a conseguir que hoy sea un gran día

____
____
____
____
____

La afirmación positiva

____
____

> ***Algunas personas sienten la lluvia. Otras solo se mojan.***
>
> BOB MARLEY

Mi buena acción del día

____
____

¿Cómo voy a mejorar?

____
____

Grandes cosas que he experimentado hoy

1. ______________________________
2. ______________________________
3. ______________________________

LMMJVSD ____________

Doy gracias por…

1. ______________________
2. ______________________
3. ______________________

Así es cómo voy a conseguir que hoy sea un gran día

____

____

____

____

____

La afirmación positiva

____

____

> ***Si crees que eres demasiado pequeño para provocar un impacto sobre algo, prueba irte a la cama con un mosquito en el dormitorio.***
>
> ANITA RODDICK

Mi buena acción del día

____

____

¿Cómo voy a mejorar?

____

____

Grandes cosas que he experimentado hoy

1. ______________________
2. ______________________
3. ______________________

¿Qué te solía preocupar hace unos pocos años?
¿Tienen hoy importancia algunas de esas cosas? ¿Qué ha cambiado?

¿Qué es lo que más valoras en una amistad?
¿En qué medida vives de acuerdo con esos valores?

¿Cuándo fue la última vez que realmente confiaste en tu instinto?
¿Cómo te sentiste y cuál fue el resultado de tu decisión?

¿A quién amas y de qué modo estás totalmente presente cuando estás con esas personas? ¿Cómo le demuestras tu amor a tus seres queridos?

¿Cuál es el regalo con más sentido que has recibido?
¿Cuál crees que es el mejor regalo que le has hecho a alguien?

LMMJVSD ____________

Doy gracias por...

1. ____________
2. ____________
3. ____________

Así es cómo voy a conseguir que hoy sea un gran día

____

____

____

____

____

La afirmación positiva

____

____

El reto de la semana:

Las preguntas «¿Cómo te va?» y «¿Qué tal?», al igual que sus respuestas, han degenerado en frases vacías. Si realmente estás interesado en una respuesta genuina y en escuchar algo más que un robotizado «Bien, ¿y tú?», pregunta: «¿Qué estás pensando en estos momentos?» Observa cómo un pequeño cambio puede suponer una gran diferencia.

Mi buena acción del día

____

____

¿Cómo voy a mejorar?

____

____

Grandes cosas que he experimentado hoy

1. ____________
2. ____________
3. ____________

LMMJVSD ____________

Doy gracias por…

1. ______
2. ______
3. ______

Así es cómo voy a conseguir que hoy sea un gran día

La afirmación positiva

> ***Sin cambiar nada, nada cambia.***
>
> TONY ROBBINS

Mi buena acción del día

¿Cómo voy a mejorar?

Grandes cosas que he experimentado hoy

1. ______
2. ______
3. ______

LMMJVSD ____________

Doy gracias por…

1. ____
2. ____
3. ____

Así es cómo voy a conseguir que hoy sea un gran día

____
____
____
____
____

La afirmación positiva

____
____

> ***El arte de ser feliz se basa en saber ver la felicidad en las cosas corrientes.***
>
> HENRY WARD BEECHER

Mi buena acción del día

____
____

¿Cómo voy a mejorar?

____
____

Grandes cosas que he experimentado hoy

1. ____
2. ____
3. ____

Doy gracias por…

1. ____________________
2. ____________________
3. ____________________

Así es cómo voy a conseguir que hoy sea un gran día

____

____

____

____

____

La afirmación positiva

____

____

> ***Si prestas atención, la mayor parte de los cambios de la noche a la mañana, en realidad, llevaron bastante tiempo.***
>
> STEVE JOBS

Mi buena acción del día

____

____

¿Cómo voy a mejorar?

____

____

Grandes cosas que he experimentado hoy

1. ____________________
2. ____________________
3. ____________________

LMMJVSD ____________

Doy gracias por…

1. ______________________________
2. ______________________________
3. ______________________________

Así es cómo voy a conseguir que hoy sea un gran día

La afirmación positiva

> ***Nadie debe avergonzarse de reconocer que estaba equivocado, que es como decir que hoy es más sabio que ayer.***
>
> ALEXANDER POPE

Mi buena acción del día

¿Cómo voy a mejorar?

Grandes cosas que he experimentado hoy

1. ______________________________
2. ______________________________
3. ______________________________

LMMJVSD ____________

Doy gracias por...

1. ______________________________
2. ______________________________
3. ______________________________

Así es cómo voy a conseguir que hoy sea un gran día

____
____
____
____
____

La afirmación positiva

____
____

> ***Piensa en lo que tienes, en vez de en lo que te falta. Selecciona lo mejor de todo lo que tienes y reflexiona en la pasión que pondrías en conseguirlo si no lo tuvieras.***
>
> MARCO AURELIO

Mi buena acción del día

____
____

¿Cómo voy a mejorar?

____
____

Grandes cosas que he experimentado hoy

1. ______________________________
2. ______________________________
3. ______________________________

LMMJVSD ____________

Doy gracias por...

1. ____________
2. ____________
3. ____________

Así es cómo voy a conseguir que hoy sea un gran día

____
____
____
____
____

La afirmación positiva

____
____

Una gran actitud se convierte en un gran día, que a su vez se convierte en un gran mes, que a su vez se convierte en un gran año, que a su vez se convierte en una gran vida.

MANDY HALE

Mi buena acción del día

____
____

¿Cómo voy a mejorar?

____
____

Grandes cosas que he experimentado hoy

1. ____________
2. ____________
3. ____________

¿Cómo podrías ser más amable contigo mismo?

¿Qué harías con tu tiempo si no pudieras entrar en tu casa desde las 8 de la mañana hasta las 7 de la tarde, no tuvieras que trabajar y tus hijos estuvieran al cuidado de alguien?

¿Cuándo fue la última vez que hiciste algo por primera vez? ¿Cómo te sentiste?

Si tuvieras que dirigir una película basada en tu vida, ¿cómo resumirías la trama en una frase? ¿Quién interpretaría tu papel y por qué esa persona en particular?

¿Cuáles son los dos pensamientos más bellos que podrías tener ahora?

Estado de ánimo general:	1	2	3	4	5	6	7	8	9	10
Gratitud:	1	2	3	4	5	6	7	8	9	10
Ser consciente:	1	2	3	4	5	6	7	8	9	10
Familia:	1	2	3	4	5	6	7	8	9	10
Amigos:	1	2	3	4	5	6	7	8	9	10
Asociaciones:	1	2	3	4	5	6	7	8	9	10
Diversión:	1	2	3	4	5	6	7	8	9	10
Calma y serenidad:	1	2	3	4	5	6	7	8	9	10
Tiempo para ti:	1	2	3	4	5	6	7	8	9	10
Comer sano:	1	2	3	4	5	6	7	8	9	10
Beber agua:	1	2	3	4	5	6	7	8	9	10
Ejercicio y movimiento:	1	2	3	4	5	6	7	8	9	10
Salir:	1	2	3	4	5	6	7	8	9	10
Salud:	1	2	3	4	5	6	7	8	9	10
Creatividad:	1	2	3	4	5	6	7	8	9	10
Finanzas:	1	2	3	4	5	6	7	8	9	10
Trabajo y educación:	1	2	3	4	5	6	7	8	9	10
Pensamientos y emociones:	1	2	3	4	5	6	7	8	9	10
El presente:	1	2	3	4	5	6	7	8	9	10
El futuro:	1	2	3	4	5	6	7	8	9	10

NOTAS FINALES

Un
Gran logro

. . . ¡lo has conseguido!

Te mereces una palmadita en la espalda, tienes motivos para estar orgulloso de ti mismo, porque ¡acabas de completar *El Diario de los 6 Minutos*! ¿Cómo te sientes en estos momentos? Te sobran razones para sentirte pletórico y grande…

Tómate unos minutos para hojear este diario. Inhala satisfacción y exhala duda. Recompénsate con algo especial y valora todo lo que has conseguido, a fin de que te sirva de fuente de energía para metas y retos futuros. ¡No te olvides de apreciar todo lo que has conseguido! Disfruta de todo lo que has hecho y empápate de tu éxito…

Ahora, repasa tus revisiones mensuales y reflexiona sobre tu viaje de cambios positivos. ¿Qué has aprendido sobre ti? ¿Cuándo has tenido mayor sensación de éxito? ¿Qué actitudes y conductas has cambiado desde que usas el diario?

Por último, pero no por ello menos importante, tenemos una preguntita acerca de ti: ¿Cuál ha sido tu buena acción del día de hoy? Tu respuesta: he compartido mis experiencias con *El Diario de los 6 Minutos* :)

Colecciona puntos kármicos y ayuda a los demás a subir a bordo, para realizar un viaje único hacia la felicidad, dejando un comentario en Amazon o en nuestro sitio web. Aunque solo sea una frase, te estaremos más que agradecidos. Por supuesto, también estaremos encantados de tener noticias tuyas, aunque solo sea una línea para saludarnos.

Ponte en contacto en: createurbestself.com
O a través de Instagram: @createurbestself

NOTAS E IDEAS

Notas

1. **El programa que rige nuestra mente.**
El Show de Tim Ferriss sobre «Logro o realización», programa número 178.

2. **Aprendemos más rápidamente de las malas experiencias que de las buenas.**
Hanson, Rick, *Cultiva la felicidad*, Sirio, Málaga, 2015.

3. **Identificamos antes las caras de enfado que las de felicidad.**
Fox, Elaine; Leser, Victoria; Russo, Ricardo; Bowles, R.J.; Pichler, Alessia, y Dutton, Kevin, «Facial Expressions of Emotion. Are Angry Faces Detected More Efficiently?», *Cognition and Emotion* 14, n.° 1, 2000.

4. **Nuestro cerebro reacciona más rápidamente a lo malo que a lo bueno.**
Haid, Jonathan, *La hipótesis de la felicidad: la búsqueda de verdades modernas en la sabiduría antigua*, Gedisa, Barcelona, 2006.

5. **El dolor de la pérdida es más intenso que el de la alegría de poseer el mismo objeto.**
Baumeister, Roy F.; Bratslavsky, Ellen; Finkenauer, Catrin, y Vohs, Kathleen D., «Bad Is Stronger Than Good», *Review of General Psychology* 5ª edición, n.° 4, 2001.

6. **La dicha de ganar dinero frente al sufrimiento por perder esa misma cantidad.**
Kahneman, D. y Tversky, A., «Prospect Theory. An analysis of decisions under risk», *Econometrica* 47, 1979.

7. **Cinco buenas acciones para compensar el perjuicio de una mala acción.**
Gottman, John, *Why Marriages Succeed or Fail. And How You Can Make Yours Last*, Simon & Schuster, 1995.

8. **66 días para crear un nuevo hábito.**
Lally, Phillippa; H.M. Van Jaarsveld, Cornelia; Potts, Henry, W.W., y Wardle, Jane, «How habits are formed. Modelling habit formation in the real world», *European Journal of Social Psychology* 40ª edición, n.° 6, 2009.

9. **Casi todo el mundo fracasa en conseguir sus objetivos.**
Sarner, Moya, «Anyone can change any habit: the science of keeping your 2018 resolutions», 2017, https://www.theguardian.com/lifeandstyle/2017/dec/29/anyone-can-change-any-habit-science-keeping-2018-resolutions.

10. **El bolígrafo es más poderoso que el teclado.**
Koschwanez, Heide E.; Kerse, Ngaire; Darragh, Margot; Jarret, Paul; Booth, Roger J., y Broadbent, Elizabeth, «Expressive writing and wound healing in older adults. A randomized controlled trial», *Psychosomatic Medicine* 78ª edición, n.° 6, 2013.

11. **El vínculo entre escribir a mano y la curación de heridas.**
Koschwanez, Heide E.; Kerse, Ngaire; Darragh Margot; Jarret Paul / Booth Roger J. y Broadbent Elizabeth, «Expressive writing and wound healing in older adults. A randomized controlled trial», *Psychosomatic Medicine* 78ª edición, n.° 6, 2013.

12. **La importante lección de vida de Naval Ravikant.**
El show de Tim Ferriss, Naval Ravikant sobre cómo *hackear* la felicidad y la teoría de los cinco chimpancés, programa n.° 136.

13. **Las circunstancias externas no te hacen feliz a largo plazo.**
Lama, Dalái, *The Art of Happiness. A Handbook for Living*, Hodder and Stoughton, Londres, 1999. (*El arte de la felicidad*, DeBolsillo, Barcelona, 2005.)

14. **Cita de Ray Dalio.**
Dalio, Ray, *Principles. Life and Work*, Simon & Schuster, Nueva York, 2017. (*Principios*, Deusto, Barcelona, 2018.)

15. **Cita de Tim Ferriss.**
Ferriss, Tim, *The 4-hour Workweek. Escape 9-5, Live Anywhere, and Join the New Rich*, Randomm House, Estados Unidos, 2009. (*La semana laboral de 4 horas. No hace falta trabajar más. Olvídate de fichar, vive donde quieras y únete al club de los ricos*, RBA, Barcelona, 2010.)

16. **La mayoría de las personas se considera «bastante feliz».**
Myers, David G., «The Funds, Friends, and Faith of Happy People», *American Psychologist* 55ª edición, n.° 1, 2000.

17. **Reprimir las emociones es aún peor.**
Garland, Eric L., Carter Kristin, Ropes Katie, y Howard, Mathew O., «Thought Suppression, Impaired Regulation of Urges, and Addiction-Stroop Predict Affect-Modulated Cue-Reactivity among Alcohol Dependent Adults», *Biologica Psychology* 89ª edición, n.° 1, 2011.

18. **Solo el 5% de nuestras decisiones son conscientes.**
Zaltmann, Gerald, *How Customers Think: Essential Insights into the Mind of the Market*, Harvard Business School Press, Harvard, 2003. (*Cómo piensan los consumidores*, Urano, Barcelona, 2004.)

19. **El 40% de nuestra conducta se repite diariamente.**
Wood, Wendy; Qinn, Jeffrey M. y Dashy, Deborah A., «Habits in Everyday Life: Thought, Emotion and Action», *Journal of Personality and Social Psychology* 83ª edición, n.° 6, 2002.

20. **La fuerza de voluntad diaria es un recurso limitado.**
Hagger, Martin S.; Wood, Chantele; Stiff, Chris, y Nikos, L.D., «Ego Depletion and the Strength Model of Self-Control A Meta-Analysis», *Psychological Bulletin* 136 edición, n.° 4 2014.

21. **Véase nota n.° 7**

22. **Las zonas del cerebro se pueden ejercitar como si fueran músculos.**
Maguire, Eleanor A.; Spiers, Hugo J., y Woollett, Katherine «London Taxi Drivers. A Structural MRI and Neuropsychological Analysis», *Hippocampus* 16ª edición, n.° 12, 2006.

23. **La importancia de los hábitos básicos.**
Duhigg, Charles, *The Power of Habit – Why We Do Wha We Do and How to Change It*, Random House, Nueva York, 2012. (*El poder de los hábitos: Por qué hacemos lo que hacemos en la vida y en la empresa*, Urano, Barcelor 2012.)

24. **Estudio de los efectos del levantamiento de pesas durante dos meses.**
Baumeister, Roy F. y otros, «Self-Regulation and Personality. How Interventions Increase Regulatory Success, and How Depletion Moderates the Effects of Traits in Behaviour», *Journal of personality* 74, pp. 1773-1801, 2006.

25. **Estudio del control de gastos y sus efectos.**
Oaten, Megan, y Cheng, K., «Improvements in Self-Control from Financial Monitoring», *Journal of Economic Psychology* 28, pp. 487-501, 2007.

26. **¿Qué es la autorreflexión?**
Law, Lai Chong; Mandl, Heinz, y Henninger, Michael, «Training of Reflection. Its feasibility and boundary conditions», Institut für pädagogische Psychologie und empirische Pädagogik.

27. **Las múltiples ventajas de la autorreflexión sofisticada.**
Schaw, Gregory, «Promoting general metacognitive awareness», *Instructional Science* 26ª edición, 1998.

28. **Añadir o eliminar detalles clave sin darse cuenta.**
Gilbert, Daniel, *Stumbling on Happiness*, Random House, Nueva York, 2007. (*Tropezar con la felicidad*, Ariel, Barcelona, 2017.)

29. **El 78% miran su teléfono móvil a los 15 minutos de levantarse de la cama.**
Lee, Paul, y Calugar-Pop, Cornelia, «Global Mobile Consumer Survey. Insights into global consumer mobile trends»,
https://www2.deloitte.com/uk/en/pages/technology-media-and-telecommunications/articles/global-mobile-consumer-survey.html.

30. **Las mujeres en Japón viven aproximadamente 87 años.**
Informe de la OMS, «World Health Statistics 2014. Large gains in Life Expectancy», 2015.
https://www.who.int/mediacentre/news/releases/2014/world-health-statistics-2014/en/

31. **Efectos destacados a largo plazo de la gratitud.**
Emmons, Robert A., y McCullough, Michael E., «Counting Blessings Versus Burdens. An Experimental Investigation of Gratitude and Subjective Well. Being in Daily Life», *Journal of Personality and Social Psychology* 84ª edición, n.° 2, 2003.

32. **La gratitud te puede ayudar a vivir más tiempo.**
Kalokerinos, E.K.; von Hippel, W.; Henry, J.D., y Trivers, R., «The aging positivity effect and immune function: Positivity in recall predicts higher CD4 counts and lower CD4 activation», *Psychology and Aging* 29, n.° 3, pp. 636-641, 2014.

33. **Oprah Winfrey sobre su diario de la gratitud.**
Oprah Winfrey Network, OWN (2012): Oprah's Gratitude Journal. Oprah's Life Class. Oprah Life Lessons,
https://www.youtube.com/watch?v=JzFiKRpsz8c,
(0:06-=:39 minutos), 2012.

34. **Una de las muchas pruebas de por qué funciona este diario.**
Seligman, Martin E. P.; Steen, Tracy A.; Park, Nansook, y Peterson, Christopher, «Positive Psychology Progress. Empirical Validation of Interventions», *American Psychologist* 60ª edición, n.° 5, 2005.

35. **La gratitud fomenta el éxito, no a la inversa.**
Achor, S., *Happiness Advantage – The Seven Principles That Fuel Success and Performance at Work*, Virgin Books, Londres, 2011. (*La felicidad como ventaja*, RBA, Barcelona, 2011.)

36. **La diferencia entre el pensamiento positivo y el negativo.**
Carnegie, Dale, *How To Stop Worrying and Start Living*, Simon & Schuster, Nueva York, 1948.(*Cómo suprimir las preocupaciones y disfrutar de la vida*, Elipse, Barcelona, 2008.)

37. **El optimismo saludable mejora y alarga la vida.**
Seligman, Martin E.P., Authentic Happiness – *Using the New Positive Psychology to Realise Your Potential for Lasting Fulfillment*, Hodder & Stoughton, Londres, 2017. (*La auténtica felicidad*, Ediciones B, Barcelona, 2003.)

38. **Tony Robbins sobre su ritual de la mañana.**
Oprah Winfrey Network, OWN, Tony Robbin's 10-Minute Morning Ritual. SuperSoul Sunday. Oprah Winfrey Network, https://www.youtube/watch?v=cgnu9mapQiQ,
(1.04 – 1.18 minutos), 2016.

39. **El impacto de la gratitud en tus relaciones.**
Watkins, Philip C., *Gratitude and the Good Life. Toward a Psychology of Appreciation*, Springer, Nueva York, 2013.

40. **Las relaciones y su repercusión en el bienestar personal.**
Diener, Ed, y Seligman, Martin E.P., «Research Report. Very Happy People», en *Psychological Science* 13ª edición, n.° 1, 2002.

41. **Una buena postura te hace más atractivo.**
Mehrabian, Albert, y Blum, Jeffrey S., «Physical appearance, attractiveness, and the mediating role of emotions», *Current Psychology. A Journal for Diverse Perspectives on Diverse Psychological Issues* 16ª edición, n.° 1, 1997.

42. **Procesamiento en el cerebro de la información consciente frente a la inconsciente.**
Dispenza, Joe, *Evolve Your Brain. The Science of Changing Your Mind*, Health Communications, 2008. (*Desarrolla tu cerebro: la ciencia de cambiar tu mente*, La Esfera de los Libros, Madrid, 2016.)

43. **Los principios de la percepción selectiva.**
Eccles, John C., *How the Self controls its Brain*, Springer, Berlín, 1994.

44. **El cerebro feliz es más productivo y creativo.**
Achor, Shawn, *Positive Intelligence*, Harvard Business Review 1ª edición, 2012.

45. **Véase nota 15.**

46. **Las afirmaciones ayudan a reprogramar el subconsciente.**
N. Cascio, Christopher; Brook O'Donnel, Matthew; Falk, Emily B.; Taylor, Shelley, E. y Tinney, Francis J., «Self-affirmation activates brain systems associated with self-related processing and reward and is reinforced by future orientation», *Social Cognitive and Affective Neuroscience* 11ª edición, n.° 4, 2015.

47. **Afirmaciones negativas o en negación.**
Baumann, Sigurd, *Psychologie im Sport*, Meyer & Meyer, Alemania, 2015.

48. Utilizar el teléfono móvil en los cinco últimos minutos del día.
Lee, Paul, y Calugar-Pop, Cornelia, «Global Mobile Consumer Survey. Insights into global consumer mobile trends», https://www2.deloitte.com/uk/en/pages/technology-media-and-telecommunications/articles/global-mobile-consumer-survey.html, 2015.

49. Los efectos negativos de usar dispositivos electrónicos antes de acostarse.
Eggermont, Steven, y Van den Bulck, Jan, «Nodding off or switching off? The use of popular media as a sleep aid in the secondary-school children», *Journal of Pediatrics and Child Health* 30ª edición, n.º 9, 2006.

50. La luz de los dispositivos electrónicos favorece que sigamos despiertos.
Lewis, Tanya, «Here's what happened when I stopped looking at screens at night», http://uk.businessinsider.com/why-its-bad-to-use-your-phone-before-bed-2015-7?r=US&IR=T, 2015.

51. Las personas prosociales suelen ser más felices.
Lyubomirsky, Sonja; King, Laura, y Diener, Ed, «The Benefits of Frequent Positive Affect. Does Happiness Lead to Success?», *Psychological Bulletin* 131ª edición, n.º 6, 2005.

52. Hacer algo bueno por los demás, a largo plazo, nos hace felices.
Svoboda, Elizabeth, *What Makes a Hero? The Surprising Science of Selflessness*, Current, Londres, 2013.

53. El sentimiento de felicidad después de haber dado dura relativamente más tiempo.
Seligman, Martin E.P., *Learned Optimism. How to Change Your Mind and Your Life*, Vintage, Nueva York, 2006. (*Aprenda Optimismo. Haga de la vida una experiencia maravillosa*, Debolsillo, Barcelona, 2017.)

54. Los efectos negativos de compararse siempre con los demás.
Swallow, Stephen R., y Kuiper, Nicholas A., «Social Comparison and negative self-evaluations. An application to depressión», *Clinical Psychology Review* 8ª edición, n.º 1.

55. Una actitud positiva aumenta la esperanza de vida.
Danner, D. Danner; Snowdon, David A., y Friesen, Wallace V., «Positive Emotions in Early Life and Longevity. Findings from the Study», *Journal of Personality and Social Psychology* 80ª edición, n.º 5, 2013.

56. Cómo pueden las experiencias positivas pasar a la memoria a largo plazo.
Hanson, Rick, *Hardwiring Happiness. The New Brain Science of Contentment, Calm and Confidence*, Harmony Books, New York, 2013. (*Cultiva la felicidad*, Sirio, Málaga, 2015.)

57. El poder del procesamiento visual.
Merieb, E., y Hoehn, K., *Human Anatomy & Physiology*, 7ª edición, Pearson International Edition, 2007.

58. Los efectos positivos de tener un poco de presión por parte de los amigos y de la familia.
Hayes, Stephen C.; Rosenfarb, Irwin; Wulfert, Edelgard; Mund, Edwin D.; Korn, Zarnir, y Zettle, Robert D., «Self-reinforcement effects. An artifact of social standard setting?», *Journal of Applied Behaviour Analysis* 18ª edición, n.º 3, 1985.

59. El 85% de nuestras preocupaciones tienen un resultado positivo.
Robert L. Leahy, «Are you a worrier? Tips to turn worry on its head», https://www.huffingtonpost.com/robert-leahy-phd/how-to-stop-worrying_b_825063.html.

60. Juzgamos unas 35.000 veces al día.
Hoomans, Joel, «35.000 Decisions. The Great Choices of Strategic Leaders», 2015, https://go.roberts.edu/leadingedge/the-great-choices-of-strategic-leaders.

61. Ponemos nuestra etiqueta personal a las personas y cosas.
Stossel, John, y Kendal, Kristina, «The Psychology of Stereotypes», 2006, http://abcnews.go.com/2020/story?id=2442521&page=1.

62. La relajación profunda mejora tu capacidad de concentración y tu productividad.
Lehrer, Jonah, «The Virtues of Daydreaming», *The New Yorker*, 2012, https://www.newyorker.com/tech/frontal-cortex/the-virtues-of-daydreaming.

63. La sustancia gris solo se activa cuando desconectas.
Raichle, Marcus E., «The Brain's Dark Energy», *Scientific American*, marzo de 2010. https://www2.warwick.ac.uk/fac/sci/dcs/research/combi/seminars/raichle_braindarkenergy_sciam2010.pdf

64. Darle rienda suelta a la mente te ayuda a ser más creativo y productivo.
Baird, Benjamin; Smallwood, Jonathan, y Mrazek, Michael D., «Inspired by Distraction. Mind Wandering Facilitates Creative Incubation», *Psychological Science* vol. 23, n.º 10, pp. 1117-1122, 2012. https://doi.org/10.1177/0956797612446024

65. Nuestros hábitos están cimentados en nuestros senderos neuronales del cerebro.
Seger, Carol A., y Spiering, Brian J., «A Critical Reviw of Habit learning and the Basal Ganglia», Frontiers in systems Neuroscience 5, p. 66, 2011.

66. Las estructuras neurológicas de los viejos hábitos permanecen en nuestro cerebro.
Duhigg, Charles, *The Power of Habit - Why We Do What We Do and How to Change It*, Random House, Nueva York, 2012. (*El poder de los hábitos*, Urano, Barcelona, 2012.)